Verlag für Systemische Forschung
im Carl-Auer Verlag

Bianca Kobel

Gendersensible Personalentwicklung – Frauen für die Führung gewinnen

Eine systemische Handreichung

2016

Der Verlag für Systemische Forschung im Internet:
www.systemische-forschung.de

Carl-Auer im Internet: www.carl-auer.de
Bitte fordern Sie unser Gesamtverzeichnis an:

Carl-Auer Verlag
Vangerowstr. 14
69115 Heidelberg

Über alle Rechte der deutschen Ausgabe verfügt
der Verlag für Systemische Forschung
im Carl-Auer-Systeme Verlag, Heidelberg
Fotomechanische Wiedergabe nur mit Genehmigung des Verlages
Reihengestaltung nach Entwürfen von Uwe Göbel & Jan Riemer
Printed in Germany 2016

Erste Auflage, 2016
ISBN 978-3-89670-999-8
© 2016 Carl-Auer-Systeme, Heidelberg

Bibliografische Information der Deutschen Nationalbibliothek:
Die Deutsche Nationalbibliothek verzeichnet diese Publikation
in der Deutschen Nationalbibliografie; detaillierte bibliografische
Daten sind im Internet über http://dnb.ddb.de abrufbar.

Diese Publikation beruht auf der gleichnamigen Masterthesis an der Technischen Universität Kaiserslautern, Zentrum für Fernstudien und Universitäre Weiterbildung, Fernstudiengang „Systemische Beratung", 2015.

Die Verantwortung für Inhalt und Orthografie liegt bei der Autorin.
Alle Rechte, insbesondere das Recht zur Vervielfältigung und Verbreitung sowie der Übersetzung vorbehalten. Kein Teil des Werkes darf in irgendeiner Form (durch Fotokopie, Mikrofilme oder ein anderes Verfahren) ohne schriftliche Genehmigung des Verlags reproduziert oder unter Verwendung elektronischer Systeme verarbeitet werden.

„The result of creating a more equal environment will not just be better performance for our organisations, but quite likely greater happiness for all."
                        Sheryl Sandberg COO of Facebook Inc.

Dieses Zitat stammt aus dem Buch von Sheryl Sandberg
„Lean In: Women, Work, and the Will to Lead" 2013, New York

Inhaltsverzeichnis

1 Einleitung 9
2 Warum brauchen wir die Zielgruppe weiblicher
  Führungskräfte? 13
  2.1 Komplexe Anforderungen 14
  2.2 Fachkräftemangel 16
  2.3 Größerer Talentpool 17
3 Systemtheoretische Überlegungen zu Fachkräftemangel,
  Innovationsdruck und Kreativität 21
  3.1 Fachkräftemangel – Potenzial entfalten 21
  3.2 Innovationsdruck 23
  3.3 Kreativität durch Führung ermöglichen 24
4 Wie können Unternehmen die Nachfolgeplanung gestalten? ... 29
  4.1 Von der Selbstführung zur Teamführung 30
     4.1.1 Entwicklungs- und Unterstützungsmaßnahmen 31
  4.2 Von der Teamführung zur Abteilungsführung 34
     4.2.1 Entwicklungs- und Unterstützungsmaßnahmen 35
  4.3 Von der Abteilungsführung zur Hauptabteilungsführung 36
     4.3.1 Entwicklungs- und Unterstützungsmaßnahmen 38
  4.4 Von der Hauptabteilungsführung zur Geschäftsführung 38
     4.4.1 Entwicklungs- und Unterstützungsmaßnahmen 39
  4.5 Von der Geschäftsführung zur Unternehmensführung 40
     4.5.1 Entwicklungs- und Unterstützungsmaßnahmen 41
  4.6 Von der Unternehmensführung zur Konzernführung 42
     4.6.1 Entwicklungs- und Unterstützungsmaßnahmen 43
  4.7 Welche Maßnahmen unterstützen die interne
      Nachfolgeplanung? 44
     4.7.1 Unternehmenskultur neu denken 45
     4.7.2 Internes Talentmanagement 47
     4.7.3 Coaching, Mentoring und Supervision/Intervision 50

5 Was erwarten die zukünftigen Führungskräfte von
 Unternehmen? **55**
 5.1 Familienfreundlichkeit und flexible Arbeitszeitgestaltung 56
  5.1.1 Vereinbarkeit von Familie und Beruf 57
  5.1.2 Telearbeit und Home Office 60
  5.1.3 Führung 2.0 – Führen auf Distanz 62
  5.1.4 Geteilte Führung 66

6 **Interne Evaluation der Maßnahmen** **69**

7 **Fazit** **73**

Glossar 75

Literaturverzeichnis 79

Internetquellen 83

Abbildungsverzeichnis 85

1 Einleitung

Die Gleichstellung der Geschlechter bei allen gesellschaftlichen und politischen Vorhaben, international unter dem Begriff „Gender Mainstreaming"[1] bekannt, ist seit Mai 1999 gesetzlich verankert und wurde in den vergangenen Jahren immer weiter gestärkt. Dennoch sind die Entwicklung und die erhoffte Erhöhung des Frauenanteils an Führungspositionen in Unternehmen (als auch im öffentlichen Dienst) in den vergangenen 20 Jahren nur sehr langsam vorangegangen. Aus diesem Grund wurde am 6. März 2015 vom Bundestag das Gesetz zur gleichberechtigten Teilhabe von Frauen und Männern an Führungspositionen in der Privatwirtschaft und im öffentlichen Dienst verabschiedet.[2] Zur Umsetzung dieses Gesetzes sind massive Veränderungen in der Personalpolitik von Unternehmen erforderlich, denn für Aufsichtsräte und die beiden Führungsebenen unterhalb des Vorstandes sind Zielvorgaben formuliert. Diese besagen, dass sich die genannten Führungsebenen von börsennotierten und/oder mitbestimmungspflichtigen Gesellschaften eigene, transparente und verbindliche Zielvorgaben zur Erhöhung des Frauenanteils in Führungspositionen setzen müssen. Die Zielerreichung muss dann in der vorgegebenen Frist erfolgen. Für Unternehmen die börsennotiert und voll mitbestimmungspflichtig sind, gilt eine gesetzliche Frauenquote in Aufsichtsräten von 30 %. (Zur Vertiefung können diese Zielvorgaben in den Leitlinien für das Gesetzgebungsverfahren nachgelesen werden.)[3]

Unternehmen sind nun also von der Politik aufgefordert, aktiv zu werden und Frauen gezielt für Führungspositionen zu gewinnen und/oder dahin zu entwickeln. Betrachtet man die gesellschaftlichen Entwicklungen, ist es jedoch erstaunlich, dass Unternehmen diesen Trend nicht schon längst selbst für sich erkannt haben. Demografisch betrachtet werden seit Jahren nahezu gleich viele Mädchen wie Jungen geboren (die Gesamtbevölkerung zeigt sogar eine Frauenmehrheit) und im Bereich der Bildung zeigen Statis-

---

[1] http://www.bmfsfj.de/BMFSFJ/gleichstellung,did=213364.html, zuletzt zugegriffen am 14.03.2015
[2] http://www.bmfsfj.de/BMFSFJ/gleichstellung,did=88120.html, zuletzt zugegriffen am 14.03.2015
[3] http://www.bmfsfj.de/BMFSFJ/gleichstellung,did=205630.html, zuletzt zugegriffen am 14.03.2015

tiken, dass jährlich wesentlich mehr Frauen einen Hochschulabschluss absolvieren als je zuvor und der zahlenmäßige Abstand zu männlichen Absolventen nahezu egalisiert ist. Um den aus dem demografischen Wandel heraus entstandenen gesellschaftlichen Herausforderungen gerecht werden zu können, bedarf es der Berücksichtigung aller, die sich entsprechend einbringen können.

Das Bundesministerium für Familien, Senioren, Frauen und Jugend (BMFSFJ) hat hierzu folgende Fakten veröffentlicht:

> „Frauen nehmen mit 43 % fast gleichberechtigt am Arbeitsmarkt teil, ihr Qualifikationsniveau ist sehr gut. Sie stellen 53,3 % der Studienberechtigten und knapp die Hälfte der Hochschulabsolventen. Ende 2013 waren nur 4,4 % aller Vorstände und 15,1 % aller Aufsichtsräte in den Top 200 Unternehmen in Deutschland mit Frauen besetzt. In der Bundesverwaltung beträgt der Frauenanteil an Führungspositionen trotz 20-jähriger gesetzlicher Regelungen zur gleichberechtigten Teilhabe nur 30,0 %. In Gremien des Bundes sind Frauen sogar nur zu 25,7 % vertreten."[4]

Mit diesen Daten belegt das Ministerium, dass die Zielgruppe hoch qualifizierter weiblicher Fachkräfte existiert und es nun an den Unternehmen liegt, diese zu rekrutieren und/oder selbst aus- und weiterzubilden. Gleichzeitig prognostiziert die Politik, dass sich eine gendersensible Personalentwicklung in den Führungsebenen gewinn- und erfolgbringend auf die Unternehmen und die Unternehmenskultur auswirken wird.

Nimmt man ergänzend dazu noch den Faktor „Fachkräftemangel" in den Blick, scheint es unverständlich, dass Frauen nicht schon viel stärker in den Fokus der Personalentwicklung von Unternehmen genommen werden.

Ein ganz anderer Trend lässt sich in der beruflichen Praxis beobachten, denn häufig mangelt es an Bewerbungen von qualifizierten Frauen auf Führungspositionen, überraschenderweise sogar an internen Bewerbungen. Unternehmen können es sich heutzutage aber nicht mehr leisten, hoch qualifizierte weibliche Fachkräfte nicht in ihre unternehmerischen Planungen einzubinden. Aus diesem Grund ist es wichtig, sich die Personalentwicklung unter dem Aspekt „Frauen für die Führung gewinnen" genauer anzuschauen.

---

[4] http://www.bmfsfj.de/RedaktionBMFSFJ/Abteilung4/Pdf-Anlagen/praesentation-gesetz-frauenquote,property=pdf,bereich=bmfsfj,sprache=de,rwb=true.pdf, zuletzt zugegriffen am 14.03.2015

Ziel dieser Masterthesis ist es herauszufinden, was Führung beinhaltet und welche Erwartungen sowohl aufseiten der Führungskräfte als auch aufseiten der Unternehmen vorhanden sind und welche Maßnahmen umgesetzt werden müssen, um eine gendersensible Personalentwicklung positiv zu beeinflussen. Im Idealfall sollte diese Arbeit des Weiteren eine Handreichung für Unternehmen darstellen, welche mehr Frauen für Führungspositionen gewinnen möchten.

2 Warum brauchen wir die Zielgruppe weiblicher Führungskräfte?

Das Thema „Frauen und Führung" ist keine neue Debatte, sondern beschäftigt die Führungsforschung seit Jahrzehnten. Hierbei wurden sowohl die Unterschiedlichkeit (Differenztheorie) als auch die Gleichheit (Gleichheitstheorie) von Männern und Frauen diskutiert und nicht zuletzt sogar die Dekonstruktion von Frauen und Männern als soziale Konstrukte. Nach dem Ansatz der Differenztheorie sind Männer und Frauen verschieden. Sie haben unterschiedliche Stärken und Schwächen und bringen Potenziale mit, die man sogenannten Geschlechterstereotypien zuordnen kann. Die Gleichheitstheorie besagt, dass Männer und Frauen vergleichbare Potenziale zeigen, sowohl unter psychologischen Gesichtspunkten als auch hinsichtlich ihrer beruflichen Kompetenzen. Und dennoch werden die Qualifikationen von Frauen weniger berücksichtigt und auf dem Arbeitsmarkt, insbesondere in Führungspositionen, deutlich weniger genutzt. Ein weiterer Ansatz ist die Dekonstruktion von Männern und Frauen, wonach Wirklichkeiten soziale Konstruktionen sind, deren Zuschreibungen von individuellen Wahrnehmungen geprägt sind. Gerade Frauen erfahren durch diese Zuschreibungen von Verhaltenserwartungen, die als typisch weiblich verstanden werden, nicht die gleichen Chancen wie Männer. In Unternehmen zeigt sich diese Ausprägung an der sogenannten Gläsernen Decke. Diese Gläserne Decke ist eine unsichtbare Grenze und versperrt Frauen den Aufstieg in die oberen und höchsten Führungsebenen. Und nicht, weil Frauen weniger qualifiziert oder ambitioniert sind, sondern aufgrund der Zuschreibungen, die nur mit der Geschlechtszugehörigkeit begründet werden.[5] Diese theoretischen Ansätze zeigen, dass Unternehmen den Talentpool, aus dem sie schöpfen könnten, selbst einschränken. Diese Einschränkung verhindert jedoch eine zukunftsorientierte und wettbewerbsfähige Personalentwicklung, denn Unternehmen werden in einer immer komplexer werdenden Umwelt alle Potenziale benötigen, um diesen neuen Anforderungen gerecht werden zu können.

---

[5] Henn, M. (2008): Die Kunst des Aufstiegs – Was Frauen in Führungspositionen kennzeichnet. Frankfurt. S.29–82

Dazu kommen die Auswirkungen, die der demografische Wandel mit sich bringt. Denn durch diese demografischen Veränderungen in der Bevölkerung resultiert ein Fach- und Führungskräftemangel, der dieser Debatte neuen Schwung verleiht. Die zur Verfügung stehenden Fach- und Führungskräfte werden aus demografischer Sicht weniger werden, was sich auf die Personalpolitik von Unternehmen auswirken wird oder sogar bereits ausgewirkt hat (siehe hierzu Abbildung 1, die den Altersaufbau in Deutschland zeigt).

Aber nicht nur der demografische Wandel, auch veränderte Anforderungen bringen ein Umdenken für Unternehmen mit sich. Die Anforderungen an Führungskräfte und diese, die es werden wollen, sind – wie im Nachgang beschrieben – wesentlich komplexer geworden. Um geeignete MitarbeiterInnen, insbesondere für Führungspositionen, rekrutieren zu können, müssen sich Unternehmen dieser neuen Voraussetzungen bewusst werden und bewusst sein, um ihre Personal- und Unternehmenspolitik entsprechend zu durchleuchten.

2.1 KOMPLEXE ANFORDERUNGEN

Aus Unternehmenssicht sind die Schnelligkeit der Märkte, die Globalisierung, der wachsende Innovationsdruck und das Image wichtige Stellschrauben, um zukunftsfähig bleiben zu können. Die Anforderungen sind zum Teil neu und umfassender und auf jeden Fall komplexer. Um sich hier zielorientiert und gewinnbringend aufstellen zu können, sollten Unternehmen sich mit der Reduktion dieser Komplexität auseinandersetzen. Eine Möglichkeit ist das Nutzen von Vielfalt, um durch mannigfaltige Perspektiven, Qualifikationen, Erfahrungen und Kompetenzen diesen komplexen Anforderungen zu begegnen. Komplexität mit Vielfalt begegnen bedeutet an dieser Stelle, das Gestalten einer Mitarbeiterschaft, die diesem Anspruch nach Vielfalt gerecht wird. Das Rekrutieren und/oder Entwickeln von weiblichen Führungskräften kann hierzu einen wertvollen Beitrag leisten. Sie bringen neue, andere oder weitere Perspektiven und Qualifikationen mit und stellen diese den Unternehmen zur Verfügung. Prozesse und Entwicklungen können dadurch umfassender betrachtet werden, wodurch die Komplexität reduziert wird.

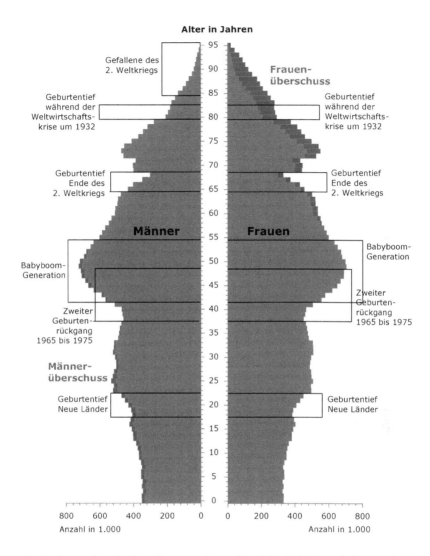

Abb. 1: Altersaufbau der Bevölkerung in Deutschland, 31.12.2013 nach demografischen Ereignissen (Datenquelle: Statistisches Bundesamt 2011/Quelle: Bundesinstitut für Bevölkerungsforschung 2015[6])

---

[6] http://www.bib-demografie.de/DE/ZahlenundFakten/02/Abbildungen/a_02_06_pyr_d_2013_beschriftet.html?nn=3074114, zugegriffen am 12.01.2016

Darüber hinaus werden durch einen höheren Frauenanteil nicht nur „weibliche" Märkte besser erschlossen, sondern auch das Arbeitgeberimage des Unternehmens wird dadurch positiv beeinflusst. Beides ist von ökonomischem Nutzen. Arbeitgeber, die erkennen lassen, dass Männer und Frauen auf allen Führungsebenen geschätzt sind, machen sich interessanter, gerade für hoch qualifizierte weibliche Fach- und Führungskräfte. Weiter gilt es, dem wachsenden Innovationsdruck standzuhalten oder besser diesen souverän zu meistern. Heterogene Teams sind hierzu ein Gewinn. Unterschiedliche Menschen repräsentieren unterschiedliche Sichtweisen, viele Impulse werden zu vielfältigen Ideen und diese wiederum können zukunftsweisende Synergieeffekte erzeugen.

2.2 Fachkräftemangel

Gerade im Zeitalter des Fach- und Führungskräftemangels ist ein größerer Fachkräftepool, aus dem man schöpfen kann, von besonderer Bedeutung. Heterogene Teams generieren nicht nur neue Sichtweisen, wie bereits erwähnt, sondern auch andere Deutungs- und Handlungsmuster. Sie ermöglichen dem Unternehmen, neue Wege zu denken und diese auch zu gehen. Da gerade junge Frauen hoch qualifiziert sind, geht es hier nicht nur um Quantität, sondern um Qualität durch Vielfalt. Der Fachkräftemangel hat in vielen Branchen bereit erhebliche negative Auswirkungen für Unternehmen und wird sich in den nächsten Jahren weiter verschärfen. Ungünstigerweise wird der Innovationsdruck proportional steigen. Um wettbewerbs- und zukunftsfähig zu bleiben, müssen Unternehmen Frauen stärker in den Fokus ihrer Personalentwicklung nehmen.

Henn weiß ausgehend von ihrer Studie zu Frauen in Führungspositionen auf Folgendes hin:

> „Es gilt, Frauen als personalstrategische ‚Reserve' neu zu entdecken und so bisher brachliegende Potenziale [weiblicher Führungskräfte] zu nutzen. Dazu gehört auch, Frauen nach einer Familienzeit willkommen zu heißen und ihnen die Gelegenheit zu geben, eine verantwortungsvolle Position einzunehmen."[7]

---

[7] Henn, M. (2008): Die Kunst des Aufstiegs – Was Frauen in Führungspositionen kennzeichnet. Frankfurt. S. 199

Gleiches gilt für junge Frauen vor einer eventuellen Familienzeit. Diese jungen Frauen kommen mit neuen und inspirierenden Ideen und Kenntnissen in Unternehmen und sind (mit oder ohne Kinderwunsch) wertvolle MitarbeiterInnen auch und insbesondere auf verantwortungsvollen Positionen. Denkt man dann noch an die Mitarbeiterbindung, ist nicht außer Acht zu lassen, dass Frauen die vor der Familienzeit einen anspruchsvollen und verantwortungsvollen Job hatten, schneller wieder zurück ins Arbeitsleben kommen möchten.

Die Studie zum Women-On-Board-Index 2012 zeigt darüber hinaus wertvolle ökonomische Argumente für mehr Geschlechterdiversität in Unternehmen. Aus mikroökonomischer Perspektive sind hier verbesserte Unternehmensleistung, Spiegelung des Marktes, verbesserte Qualität bei Entscheidungsprozessen, verbesserte Unternehmungsführung und -ethik sowie eine bessere Nutzung des Talentreservoirs genannt. Denn durch heterogene Teams, insbesondere in den oberen Führungsebenen, können wichtige Entscheidungen auf der Basis vielfältiger Perspektiven getroffen werden. Das ist auch gerade bei der Auswahl von MitarbeiterInnen für Führungspositionen ein wichtiger Aspekt. Denn durch diese unterschiedlichen Sichtweisen wird die Auswahl der besten MitarbeiterInnen gewährleistet.[8]

Um dem Fachkräftemangel entgegenzuwirken, müssen Unternehmen demnach trotz allen Nutzens auch einiges investieren. Das Bundesministerium für Wirtschaft und Technologie hat eine kurze tabellarische Auflistung der Chancen und Herausforderungen für Unternehmen veröffentlicht, die sich dem Thema „Frauen für die Führung gewinnen" annehmen möchten (siehe Abbildung 2).

2.3 GRÖSSERER TALENTPOOL

Setzen Unternehmen nun auf mehr Geschlechterdiversität, vergrößert sich hiermit zugleich der Talentpool, aus dem geschöpft werden kann, sowohl bei der Rekrutierung als auch bei der Entwicklung von bereits vorhandenen MitarbeiterInnen. Nimmt man dann noch den demografischen Wandel als auch die schulische und berufliche Bildung junger Menschen in den Blick, zeigt sich, dass seit Jahren nahezu gleich viele Mädchen und Jungen geboren werden und mehr Frauen einen Hochschulabschluss absolvieren als je

---

[8] Vgl.: Europäische Union (2012): Frauen in wirtschaftlichen Entscheidungsprozessen in der EU: Fortschrittsbericht – Eine Europa-2020-Initiative. Luxemburg. S. 7–8

Nutzen/Chancen	Kosten / Herausforderungen
Großer Talentpool durch das bessere Ausschöpfen weiblicher Potenziale	Personal- und finanzieller Aufwand, falls Sie neue Arbeitszeit-, Laufbahn- oder neue Personalentwicklungskonzepte entwickeln und einführen möchten
Verringerte Rekrutierungskosten durch eine bessere Bindung und Entwicklung weiblicher Fach- und Führungskräfte aus der vorhandenen Belegschaft	Finanzieller Aufwand für eventuell notwendige Maßnahmen zur Familienfreundlichkeit des Unternehmens
Gestärkte Innovations- und Problemlösungskultur	Ggf. Aufwand für die Sensibilisierung der Führungskräfte und Belegschaft
Positiver Einfluss auf den Unternehmenserfolg durch Erschließen „weiblicher Märkte"	Ggf. Änderung im Sozialklima, falls ein unternehmenskultureller Umbruch notwendig ist
Besseres Image als Arbeitgeber	

Abb. 2: Nutzen/Chancen vs. Kosten/Herausforderung der Karriereförderung von Frauen (Quelle: eigene Darstellung in Anlehnung an BMWi 2013[9])

zuvor. Dies bedeutet, dass sich diese Entwicklung bereits auf den vorhandenen Talentpool, aus dem Unternehmen schöpfen, ausgewirkt hat. Frauen sind hoch qualifiziert und stehen dem Arbeitsmarkt zur Verfügung und sind bereit für eine Karriere auch in den höchsten Führungsebenen.

Basierend auf Daten des Statistischen Bundesamtes hat das Institut der Deutschen Wirtschaft Köln hierzu folgende Grafik (Abbildung 3) entwickelt. Diese belegt, dass keine Frauengeneration besser ausgebildet war als die aktuell dem Arbeitsmarkt zur Verfügung stehende. Für Unternehmen, die den Frauenanteil in Führungspositionen erhöhen möchten, ist dies eine erfreuliche und bestätigende Entwicklung.

Diese Grafik zeigt, dass der weibliche Talentpool gefüllter sein muss als der männliche, und wenn man dies als Ganzes betrachtet, ist ein Umdenken in Richtung Geschlechterdiversität der Unterschied, der einen Unterschied für den Erfolg von Unternehmen ausmacht.

---

[9] BMWi (2013): Fachkräfte binden. Karrierepotenziale von Frauen als Erfolgsfaktor im Unternehmen nutzen. Berlin. S. 3

Abb. 3: „Bildungsexpansion" der Frauen in 40 Jahren – die am besten ausgebildete Frauengeneration aller Zeiten! Anteil der Frauen an ... in Prozent (Datenquelle: Statistisches Bundesamt 2013/Quelle: Institut der deutschen Wirtschaft Köln[10])

In der Studie zum Women-On-Board-Index 2012 werden hierzu wichtige makroökonomischen Argumente formuliert: „Die Nutzung der Talente und professionellen Fähigkeiten von Frauen in Führungspositionen wird wahrscheinlich angesichts des zunehmenden Drucks, den die alternde Bevölkerung und der dadurch bedingte Fachkräftemangel auf das Wirtschaftswachstum ausüben, immer wichtiger werden."[11] Die Argumentation wird in dieser Studie sogar noch existenzieller. Die Beschäftigung von Frauen und die Ermöglichung zum Aufstieg auch gerade in die höheren und höchsten Führungsebenen sind für starke Wirtschaften und sichere Pensionssysteme in der Zukunft unabdingbar.[12]

---

[10] http://www.kompetenzzentrum-bw.de/FFBetr/Infomaterial/Datenbank/SK20141126 FlueterHoffmannIW.pdf, zuletzt zugegriffen am 12.01.2016
[11] Europäische Union (2012): Frauen in wirtschaftlichen Entscheidungsprozessen in der EU: Fortschrittsbericht – Eine Europa-2020-Initiative. Luxemburg. S. 7–8
[12] Vgl. Ebd. S. 8

3 Systemtheoretische Überlegungen zu Fachkräftemangel, Innovationsdruck und Kreativität

Die Gesellschaft wird auch in der Zukunft immer mehr an Komplexität gewinnen und das bedeutet, dass die Wirklichkeitskonstruktionen für Unternehmen und ihre MitarbeiterInnen ebenfalls komplexer werden. Dazu gehört, dass man Möglichkeiten finden muss, um mit den schon zu beobachtenden und auch den zukünftigen Veränderungen Schritt halten zu können. Um den komplexen Anforderungen, vor die uns der immer massiver werdende Fachkräftemangel sowie der wachsende Innovationsdruck stellen, gerecht zu werden, bedarf es viabler Konzepte. Achouri sagt in diesem Zusammenhang: „Notwendig sind dann Konzepte, die dieser Komplexität versuchen gerecht zu werden und Innovationspotenzial besitzen, ohne die Gültigkeit bestehender Erkenntnisse und Forschungsstrategien zu widerlegen."[13] Systemtheoretische Überlegungen und Konzepte sind also in einer immer komplexer werdenden und wenig vorhersagbaren Umwelt aktueller denn je, denn sie treffen den Nerv der Zeit.

3.1 FACHKRÄFTEMANGEL – POTENZIAL ENTFALTEN

Der Ist-Situation des Fachkräftemangels müssen sich Unternehmen, wie bereits erwähnt, in allen Branchen stellen, wodurch die Personalentwicklung eine überaus bedeutende Stellung im Unternehmen einnehmen muss. Denn neben dem Rekrutieren geeigneter MitarbeiterInnen ist auch das Binden und Halten dieser von immenser strategischer und ökonomischer Bedeutung für Unternehmen. Betrachtet man die Personalentwicklung der vergangenen Jahrzehnte, so sind Veränderungen wie die reflexive Wende der Personalentwicklung, bei der die außer- und überfachlichen Kompetenzen in den Fokus der Aufmerksamkeit gerückt sind, nicht neu, aber aktueller denn je. Dies gilt insbesondere für die Entwicklung von Führungskräften.[14] Personalentwicklern muss es gelingen, Bedingungen zu schaffen,

---

[13] Achouri, C. (2011): Wenn Sie wollen, nennen Sie es Führung. Systemisches Management im 21. Jahrhundert. Hamburg. S. 13
[14] Arnold, R. (2011): Personalentwicklung – Eine Grundlegung. Studienbrief SB – 1 C10 des Master-Fernstudiengangs Systemische Beratung der TU Kaiserslautern. 2. ak-

durch die die MitarbeiterInnen ihre Kompetenzen entfalten und entlang der Unternehmensstrategie nutzen können.

Förster und Kreuz sagen hierzu:

> „Wenn das Marktumfeld bunt, schnell, lebendig ist, sich laufend verändert, dann haben Unternehmen nur eine Chance: Sie müssen Ihr lebendiges Potenzial entfesseln."[15]

Dies bedeutet auch, dass lineare Konzepte zur Personalentwicklung diesen Anforderungen nicht mehr gerecht werden. MitarbeiterInnen muss ermöglicht werden, durch rekursive Schleifen ihre Lernprozesse selbst zu initiieren und zu gestalten, und sie benötigen dazu einen Arbeitsplatz und ein Arbeitsumfeld, das dieses Engagement würdigt und unterstützt. Arnold weist darauf hin, dass eine professionelle Personalentwicklung zum einen eine Strategie zur Kompetenzentwicklung ist, die sich der Frage stellt, welche Erwartungen an die MitarbeiterInnen gerichtet sind und über welche Kompetenzen diese verfügen sollten. Zum anderen ist es eine Strategie der Organisationsentwicklung, die den Blick auf die Wandlungsfähigkeit und Veränderungsbereitschaft des Unternehmens richtet.[16]

Diese Perspektive der Personalentwicklung zur Lösung des Fachkräftemangels richtet somit den Blick fast automatisch auf das weibliche Potenzial in Unternehmen. Denn auch wenn Frauen einen großen Teil der Mitarbeiterschaft ausmachen, sind sie in den Führungsebenen, insbesondere in den oberen Ebenen, noch deutlich unterrepräsentiert. Dies hat den Nachteil, dass die Perspektiven, Ideen und Visionen von Frauen u. U. in der Strategieplanung der Unternehmen wenig bis keine Berücksichtigung finden. Doch heutzutage können sich Unternehmen diese Einschränkung in der Fach- und Führungskräfteförderung nicht mehr leisten. Unternehmen muss es gelingen sich zu wandeln, Veränderungen zuzulassen und Entwicklung zu fördern. Hierbei spielen Frauen eine bedeutende Rolle. Dabei ist es

---

tualisierte und überarbeitete Auflage. Unveröffentlichtes Manuskript. Kaiserslautern. S. 4–5

[15] Förster, A./Kreuz P. (2010): Nur Tote bleiben liegen. Entfesseln Sie das lebendige Potenzial in Ihrem Unternehmen. Frankfurt am Main. S. 16

[16] Vgl.: Arnold, R. (2011): Personalentwicklung – Eine Grundlegung. Studienbrief SB – 1 C10 des Master-Fernstudiengangs Systemische Beratung der TU Kaiserslautern. 2. aktualisierte und überarbeitete Auflage. Unveröffentlichtes Manuskript. Kaiserslautern. S. 21

wichtig, dass die Genderdebatte[17] als Chance im Unternehmen wahrgenommen wird. Gendersensibilität als Ermöglichung zeitgemäßer Personalentwicklung. Es muss möglich sein, die Verteilung männlicher und weiblicher Fach- und Führungskräfte innerhalb des Unternehmens kritisch zu beleuchten, ohne sich dabei unbehaglich zu fühlen oder dies als gesellschaftlichen Zwang zu erleben. Potenzialentfaltung bedeutet die Hinwendung zu allen MitarbeiterInnen auf allen Ebenen im Unternehmen. Die Entscheidung darüber, wer an welchen Entwicklungsprogrammen teilnehmen darf und soll, und wem welche Unterstützung zuteilwird, muss auf sachlichen und fachlichen Aspekten basieren. Machen sich Unternehmen diese vorhandenen Potenziale, sprich ihrer eigenen MitarbeiterInnen, bewusst und setzen sie sich aktiv, neutral und neugierig mit den MitarbeiterInnen auseinander, rücken Frauen zwangsläufig stärker in den Fokus der Personalentwickler.

3.2 INNOVATIONSDRUCK

Mit der Entwicklung der MitarbeiterInnen können Unternehmen aus systemtheoretischer Perspektive auch dem wachsenden Innovationsdruck begegnen. Um mit innovativen Ideen langfristig am Markt existieren zu können, bedarf es der Intelligenz der Vielen. Um diese aber erfolgversprechend und gewinnbringend nutzen zu können, müssen MitarbeiterInnen die Chance haben, sich gemäß ihrer Stärken im Unternehmen weiter entwickeln zu können. Hierzu muss es einem Unternehmen inklusive den Personalentwicklern gelingen, Rahmenbedingungen zu schaffen, die diese Entwicklung begünstigen und die MitarbeiterInnen ausreichend Gestaltungsspielraum ermöglichen. Diese Rahmenbedingungen sind sowohl in einer flexibleren Gestaltung der Arbeitszeit, in der Ermöglichung von Austauschgremien, in der Wertschätzung von Denkanstößen als auch in der Zusammenarbeit in multiprofessionellen Projektteams umsetzbar. Die klassischen, hierarchischen Führungsstrukturen mit einer stringenten „Top Down"-Kommunikation rücken bei solchen Forderungen automatisch in den Hintergrund, denn um neue Wege zu gehen und innovative Veränderungen zu wagen, bedarf es eines kooperativen Miteinanders.

---

[17] Sheryl Sandberg (COO bei Facebook) hat sich der Genderdebatte aufgrund ihrer persönlichen und beruflichen Erfahrungen sehr interessant gestellt. Nachzulesen in: Sandberg, S. (2013): Lean In: Women, Work and the Will to Lead. New York.

Das soll nicht heißen, dass Top-Down-Anweisungen vollständig über Bord geworfen werden sollen, denn Menschen sind in unterschiedlichen Situationen auf klare Anweisungen angewiesen, aber es muss den Unternehmen gelingen, eine Balance herzustellen. Eine Balance zwischen klaren und richtungsweisenden Zielformulierungen, die eben auch als Anweisungen implementiert werden können, und Phasen, in denen MitarbeiterInnen das Vertrauen und die Freiheit genießen dürfen, sich mutig auf den Weg zu machen. Mit Achouris Worten:

> „In Zeiten kurzer Produktzyklen aufgrund erhöhter Geschwindigkeiten ist die Veränderungsfähigkeit von Unternehmen und Einzelnen aber ein wesentlicher Erfolgsfaktor. Dieser kann erheblich durch die Innovationskraft selbstorganisierter Strukturen erhöht werden."[18]

Hierzu bedarf es einer Führung, der es gelingt, möglichst vielfältige Kompetenzen und Perspektiven in einen kooperativen Austausch zu bringen. Führungskräften muss die Gestaltung multiprofessioneller Teams mit heterogenen MitarbeiterInnen gelingen, die auf Augenhöhe miteinander Ideen und Visionen jonglieren, um entlang der Unternehmensstrategie Innovation voranzutreiben.

Die Forderung nach heterogenen Teams besagt an dieser Stelle nicht offensichtlich, dass es um das Gewinnen von Frauen für Führungspositionen geht. Schaut man jedoch genauer hin, bedeutet heterogene Teambildung weg von den „Bruderschaften" hin zu einer gendersensiblen Teamgestaltung. Dadurch rücken alle MitarbeiterInnen als System in den Mittelpunkt der Aufmerksamkeit, wodurch Führungskräfte einen guten Blick auf die vorhandenen Ressourcen, Stärken und Schwächen aller gewinnen können. Mit dieser Ermöglichung der kooperativen Zusammenarbeit unterschiedlicher Kompetenzen und Sichtweisen werden blinde Flecke beleuchtet und Talente entdeckt, die es zu fördern gilt.

3.3 Kreativität durch Führung ermöglichen

Kreativität durch Führung ermöglichen ist ein unternehmerischer Gedanke, der aufzeigt, dass ein Arbeitsumfeld das kreative Denk- und Handlungsmuster zulässt und fördert, einen wertvollen Beitrag zum Umgang mit dem

---

[18] Achouri, C. (2011): Wenn Sie wollen, nennen Sie es Führung. Systemisches Management im 21. Jahrhundert. Hamburg. S. 232–233

vorherrschenden Innovationsdruck leistet. Förster und Kreuz beschreiben dieses Zusammenwirken folgendermaßen: „Kreativität ist das gedankliche Fundament, auf dem dann die Innovation entsteht."[19] Um jedoch kreativ sein zu können, braucht es Raum, Zeit und eine entsprechende technische und materielle Ausstattung, je nach Branche. Dies muss nicht zwangsläufig mit kostenintensiven Investitionen einhergehen, sondern hat vorerst mit Haltung, Wertschätzung und Neugier zu tun. Förster und Kreuz fassen dies weiter mit den Worten zusammen:

> „Das fordert von Ihnen: EINS. Menschen Freiräume gewähren, in denen sie ihre Vorstellungskraft entfalten können. ZWEI. Ein Umfeld, in dem es gestattet ist, spontan und neugierig sein zu dürfen. DREI. Eine Unternehmenskultur leben, in der das Infragestellen tradierter Überzeugungen nicht als Verrat an der eigenen Sache gilt, sondern als ein Zeichen von intelligentem Mitdenken."[20]

Das klingt vielversprechend und macht Lust auf mehr, aber es bedeutet für Unternehmen, dass MitarbeiterInnen die Erlaubnis erhalten, im Sinne der Kreativität alles in Frage stellen zu dürfen. Frei nach dem Motto „Es könnte alles auch anders sein" erhalten sie durch die Forderung nach mehr Kreativität die Einladung, altbewährte Strukturen neu zu denken und vertraute Lösungswege mutig zu verlassen, um sich kreativ den neuen Anforderungen zu stellen. Dies ist nicht nur für das Unternehmen, sondern insbesondere für die Führungsriege eine ungemütliche Situation. Denn um Kreativität in den Teams befördern zu können, müssen sich gerade Führungskräfte mit den neuen und erforderlichen Denk- und Handlungsmustern auseinandersetzen und womöglich ihre Rolle neu denken, wenn nicht sogar erfinden. Arnold hat hierzu ein Tool mit systemischen Führungsgrundsätzen erstellt, das bei der Neugestaltung des eigenen Führungsstils/der eigenen Führungsrolle sowie deren Verständnis hilfreich sein kann (siehe Abbildung 4).

---

[19] Förster, A./Kreuz P. (2010): Nur Tote bleiben liegen. Entfesseln Sie das lebendige Potenzial in Ihrem Unternehmen. Frankfurt am Main. S. 158
[20] Ebd. S. 162–163

Systemische Führungsgrundsätze	
Behandle das System mit Respekt!	Sieh, was da ist! Werte nicht! Zeige Empathie! Mute Dich nicht einfach zu, sondern trage für Deine eigene positive Energie Sorge, bevor Du auf andere zugehst oder gar intervenierst!
Lerne, mit Mehrdeutigkeit, Unbestimmtheit und Unsicherheit umzugehen!	Lebe Ambiguität! Bleibe misstrauisch gegenüber allen glatten Entwürfen und eindimensionalen Erklärungen und Ursachenzuschreibungen! Gehe davon aus, dass alles auch ganz anders sein könnte und vielfach auch ist!
Erhalte und schaffe Möglichkeiten!	Erfrage Alternativen! Nutze die Ressourcen des Systems! Knüpfe an positiven Energien an! Erkenne Stillstände, Routinen, Wohlgefälligkeiten und Eigenlob! Es gibt nichts, was nicht weiter optimiert werden könnte, und andere Perspektiven führen zu anderen Bildern!
Erhöhe Autonomie und Integration!	Erhöhe die Selbstständigkeit und Selbstverantwortung! Erarbeite nicht alles selbst, sondern übe Dich in der Verantwortungsdelegation! Bevor Du eine Regelung in Kraft setzt, frage Dich, wer an ihrer Entwicklung beteiligt gewesen ist! Fällt Dir niemand ein, so hast Du nur eine zweitbeste Lösung entwickelt!
Nutze und fördere das Potenzial des Systems!	Entfalte die Selbstkontrolle! Vermeide unnötiges Hinzuspringen! Frage Dich stets, welchem inneren Bild Dein Handeln (wieder einmal) gerecht wird und verdeutliche Dir, wie wenig Du in solchen Momenten mit dem Gegenüber tatsächlich in Kontakt bist!
Definiere und löse Probleme auf!	Suche nicht nach Schuldigen, sondern analysiere das System! Sämtliche Schuldzuschreibungen lähmen die Synergie der Kooperation. Selbst, wenn Du ganz sicher zu sein glaubst, suche unerschöpflich nach Wegen, das positive Potenzial der „schuldigen" oder „schwierigen" Mitarbeiter und Mitarbeiterinnen zu erkennen und zu fördern.
Beachte die Ebenen und Dimensionen der Gestaltung und Lenkung!	Stütze Entwicklung hin zu einer lernenden Organisation! Konzentriere Dich – wie ein Wissenschaftler – auf einen Gesamtblick auf das Geschehen! Reagiere nicht auf das Unmittelbare, sondern rücke Deine Reaktionen in den Gesamtkontext!

Erhalte Flexibilität und Eigenschaften der Anpassung und Evolution!	Betrachte Probleme und Lösungen aus verschiedenen Blickwinkeln! Jede Frage hat mehrere Seiten! Frage nach den Perspektiven, aus denen heraus die wichtigen Akteure das Geschehen beurteilen!
Strebe vom Überleben zu Lebensfähigkeit und letztlich nach Entwicklung!	Lerne antizipatorisch! Installiere Frühwarnsysteme! Führe in regelmäßigen Abständen Zukunftsworkshops bzw. strategische Zukunftsdebatten durch! Erfinde Deinen Zuständigkeitsbereich gemeinsam neu!
Synchronisiere Entscheidungen und Handlungen im System mit zeitgerichtetem Systemgeschehen!	Sei flexibel! Nicht jede Frage benötigt sofort eine Antwort oder gar eine Reaktion! Durchdenke Dein Handeln vom Ende her immer wieder neu! Setze auch auf die Selbstklärungs- und Selbstheilungskräfte des Systems und achte darauf, dass Dein eigenes Bild nicht der tatsächlichen Veränderung (in den Beurteilungen, Motiven und Aktivitäten) hinterher hinkt!
Halte die Prozesse in Gang!	Vermeide Aktionismus! Setze keine Prozesse in Gang, deren Verlauf Du nicht im Blick behältst! Deshalb: Beschränke Dich auf die Steuerung von Kernprozessen und behalte den Überblick!
Es gibt keine endgültigen Lösungen!	Lösungen sind zeit- und situationsabhängig! Vermeide Rigidität! Spüre genau, wie stark Du selbst an bestimmten Lösungen hängst, und artikuliere Dich zu diesen besonders zurückhaltend!
Balanciere die Extreme!	Vermeide Polarisierungen! Immer dann, wenn Du Gegnerschaft erlebst, analysiere die Situation besonders gründlich und erprobe, empathische, wertschätzende und integrative Interpretationen der Situation!

Abb. 4: Systemische Führungsgrundsätze (Quelle: Arnold, 2011)[21]

---

[21] Arnold, R. (2011): Personalentwicklung – Eine Grundlegung. Studienbrief SB – 1 C10 des Master-Fernstudiengangs Systemische Beratung der TU Kaiserslautern. 2. aktualisierte und überarbeitete Auflage. Unveröffentlichtes Manuskript. Kaiserslautern. S. 16–18

Systemische Führung bereitet demnach den Weg hin zu mehr Kreativität, was sich nach Achouri auch maßgeblich auf den ökonomischen Erfolg eines Unternehmens auswirken wird:

> „Kreativität ist dabei nicht nur auf makroökonomischer Ebene der Wettbewerbsfähigkeit von Unternehmen von Bedeutung, sondern auch auf der mikroökonomischen Ebene der Mitarbeiterführung, Mitarbeiterzufriedenheit und Mitarbeiterbindung. Mitarbeiter, die an ihrer Entfaltung arbeiten dürfen, sind glücklicher und bleiben dem Unternehmen verbunden. Dieser Aspekt wird insbesondere in Zeiten des demografischen Wandels und des damit einhergehenden Mangels an qualifizierten Arbeitskräften an Bedeutung gewinnen."[22]

Hierzu zählt auch das Gestalten einer heterogenen Führungsriege. Denn um Kreativität freizusetzen, bedarf es vielfältiger Perspektiven, Wahrnehmungen und Denkmuster. Ein höherer Frauenanteil in den Führungsebenen und somit auch in höheren Entscheidungspositionen verbessert, aus diesen genannten Synergien, die Qualität der Entscheidungsprozesse. Denn durch das Zusammenwirken unterschiedlicher Kompetenzen und Erfahrungen können Unternehmen bei Beurteilungsprozessen auf vielfältige Alternativen zurückgreifen, was sich nachhaltig auf eine gesteigerte Konkurrenzfähigkeit und somit auf den Unternehmenserfolg auswirkt.[23]

---

[22] Achouri, C. (2011): Wenn Sie wollen, nennen Sie es Führung. Systemisches Management im 21. Jahrhundert. Hamburg. S. 273
[23] Vgl.: Europäische Union (2012): Frauen in wirtschaftlichen Entscheidungsprozessen in der EU: Fortschrittsbericht – Eine Europa-2020-Initiative. Luxemburg. S. 7 ff.

4 Wie können Unternehmen die Nachfolgeplanung gestalten?

Die Suche nach qualifizierten und geeigneten Führungskräften gestaltet sich immer schwieriger. Im Zeitalter von Fachkräftemangel und Innovationsdruck ist aber gerade das „Finden" geeigneter Führungskräfte existenziell für Unternehmen. Doch bei „Finden" denkt man meist an eine externe Akquise, und auch dann sind gerade die Bewerbungen hoch qualifizierter weiblicher Fachkräfte auf Führungspositionen verschwindend gering.

Betrachtet man aber zum Beispiel den Spitzensport, ist jedem klar, dass ProfisportlerInnen nicht als WeltmeisterInnen oder OlympiasiegerInnen geboren werden. Ganz im Gegenteil! Diese Talente wurden und werden entdeckt und beobachtet, es werden Ressourcen und Begabungen erkannt, die dann durch gezielte Trainings- und Coaching-Maßnahmen ausgebildet und weiterentwickelt werden.

Dieser Logik der Talentförderung können auch Unternehmen folgen, indem sie ihren Blick nach innen richten auf bereits vorhandene MitarbeiterInnen, quasi auf die eigenen Personalressourcen. Hierzu gilt es zu klären, welche Erwartungen Unternehmen an die jeweilige Führungsebene haben und welche Maßnahmen zur Verfügung gestellt werden können, um den Schatz zu heben. Genau damit beschäftigt sich dieses Kapitel. Es soll hier geklärt werden, welche Anforderungen je nach Führungsebene auf MitarbeiterInnen (auch Führungskräfte sind MitarbeiterInnen im Unternehmen) zukommen, welche Kompetenzen vorhanden sein müssen und mit welchen Maßnahmen diese notwendigen Fähigkeiten weiter geschärft und/oder entwickelt werden können. Denn nur eine genaue Kenntnis über die Führungsansprüche auf den jeweiligen Karrierestufen ermöglicht eine strategische, nachhaltige und gendersensible Führungskräfteentwicklung. Dabei werden die Führungsebenen vorrangig in Anlehnung an *The Leadership Pipeline – How To Built The Leadership Powered Company*[24] (Ram Charan et al.) dargestellt. Dadurch wird eine stufenweise Darstellung von der Mitarbeiterebene bis zur Konzernführung möglich, die auf das jeweilige Unternehmen angepasst werden kann (da möglicherweise weniger Führungs-

---

[24] Charan, R./Dotter, S./Noel, J. (2011): Leadership Pipeline. How To Build The Leadership Powered Company. 2. Aufl. San Fransisco

ebenen existieren). Weiter zeigt diese Vorgehensweise, dass die Unterrepräsentanz von Frauen in Führungspositionen nicht mit den Anforderungen und Erwartungen der einzelnen Führungsebenen erklärt werden kann.

4.1 VON DER SELBSTFÜHRUNG ZUR TEAMFÜHRUNG

Neue, junge MitarbeiterInnen in Unternehmen machen meist durch eine hohe Fachlichkeit auf einem bestimmten Gebiet auf sich aufmerksam. Durch gute oder auch sehr gute fachliche Leistungen werden sie als Fachkräfte sehr geschätzt und erhalten als Belohnung für diese Leistungen eine Beförderung in die erste Führungsebene.[25]

Die große Veränderung an dieser Stelle ist, dass Einzelleistungen zwar immer noch Teil der Stellenbeschreibung sind, diese aber nicht länger im Fokus der Aufmerksamkeit stehen, sondern die Teamleistung. Das beinhaltet, dass sie nicht länger nur dafür verantwortlich sind, die eigene Arbeit zielführend zu gestalten und in einem vorgegebenen zeitlichen Rahmen zu erfüllen, sondern jetzt eben auch für die fristgerechte und qualitative Leistung des Teams.

Um diesen neuen Anforderungen gerecht zu werden, müssen MitarbeiterInnen, im Besonderen die, die zum ersten Mal eine Führungsposition innehaben, neue Denk-, Verhaltens- und Handlungsmuster ausbilden. Es muss eine Veränderung in ihnen stattfinden, um die neue Rolle viabel ausfüllen zu können. Doch gerade die leistungsstärksten Menschen zögern häufig, wenn es darum geht, sich zu verändern, und halten an bewährten und vertrauten Denk- und Handlungsmustern fest. Diese MitarbeiterInnen vollziehen den Übergang von der Mitarbeiterebene in die Führungsebene, ohne ihr Verhalten und ihre Werte anzupassen bzw. zu verändern. Die Problematik dahinter ist, dass sie dadurch weit mehr Zeit mit ihren vorherigen Tätigkeiten verbringen, als sich um die Leitung und Führung ihres Teams zu kümmern. Denn Teamführung beinhaltet auch das Entwickeln neuer Kompetenzen. Führungskräfte müssen lernen, Aufgaben zu delegieren, Prozesse zu planen, ihr Team/Ihre MitarbeiterInnen zu motivieren und anzuleiten, sowie deren Arbeitsleistung einzuschätzen und zu bewerten. Dies bedeutet, sie müssen nicht nur ihre eigenen Aufgaben in dem vorgegebenen zeitlichen Rahmen und der erforderlichen Qualität erledigen, son-

---

[25] Happich, G. (2013): Ärmel hoch! Die 20 wichtigsten Führungsthemen und wie Top-Führungskräfte sie anpacken. 4. Aufl. Zürich. S. 13

dern zum ersten Mal (und das ist eine der schwierigsten Anforderungen) gerade als „Neu-Führungskraft" andere bei der effektiven und fristgerechten Durchführung ihrer Aufgaben unterstützen.

Diese Unterstützung beinhaltet auch eine Veränderung der eigenen Werte. War man auf der Mitarbeiterebene „nur" für sich selbst verantwortlich, so ist man nun für die Teamleistung verantwortlich und somit auf die Kooperation und zuverlässige Zuarbeit des Teams angewiesen. Ohne eine wertschätzende Haltung gegenüber den einzelnen MitarbeiterInnen, die deutlich macht, dass man sie und ihre Arbeitsleistung schätzt, ist Teamführung im Sinne einer zielorientierten Zusammenarbeit nicht möglich. Ein wesentlicher Unterschied für die neue Führungskraft ist hierbei die Messbarkeit des vermeintlich eigenen Erfolges. Veränderungen und der Erwerb von Kompetenzen wie z. B. beim Zeitmanagement können beobachtet und somit bewertet werden. Veränderungen der Werte und der Haltung sind nicht messbar, und daher sind deren Einschätzung und Wertschätzung stark von den höheren Führungsebenen abhängig.

Der wertschätzende Umgang der höheren Führungsriege mit der Veränderung ist daher ein Gelingensfaktor für die erfolgreiche Entwicklung des Mitarbeiters/der Mitarbeiterin zur Führungskraft. Durch das Bestärken der notwendigen Entwicklung und Werteverschiebung erleben Führungskräfte auf der ersten Stufe, dass sie weiterhin erfolgreich sein können, auch wenn sie ihre bisherige Arbeitsweise, ihre Denk- und Handlungsmuster überdenken und gegebenenfalls verändern müssen.

4.1.1 Entwicklungs- und Unterstützungsmaßnahmen

Um MitarbeiterInnen bei diesem Entwicklungsprozess, sowohl aus persönlicher als auch aus unternehmerischer Sicht, angemessen unterstützen zu können, bedarf es unterschiedlicher Maßnahmen. Entwicklungs- und Unterstützungsmaßnahmen haben auf allen Ebenen einen vergleichbaren Ablauf. Dieser kann (nach Charan et al.) grob in drei Stufen kategorisiert werden: Vorbereitung – Monitoring – Intervention.

Zur Vorbereitung auf die neue Führungsposition gehört eine transparente Auftragsklärung, bei der auf erforderliche Kompetenzen, das Zeitmanagement und die Werte eingegangen wird. An dieser Stelle können bereits Trainings besprochen werden, die den/die MitarbeiterIn bei dem Übergang in die Führungsrolle unterstützen. Basis dieser Vorbereitung muss eine klare, offene Kommunikations- und Fragekultur sein, die sich möglichst auch durchgängig im Unternehmen und somit auf allen Ebenen widerspiegelt.

Das Monitoring zum Erheben des Ist-Standes der Kompetenzen (durch Beobachtung, Sondierungsgespräche, Befragen der unterstellten Mitarbeiter-Innen / 360°-Feedback und Analyse der erworbenen Informationen), ist eine wertvolle Maßnahme, um mögliche Lücken und noch vorhandene Schwächen zu identifizieren, aber auch zum Erkennen der bereits vorhandenen Kompetenzen und Stärken. Um Schwierigkeiten zu mindern, sind klare und transparente Zielvereinbarungen ein Führungselement, durch das Vorgesetzte und MitarbeiterInnen einen hohen Mehrwert generieren können. Dadurch werden Unklarheiten schnell erkannt, wodurch sehr viel Zeit eingespart werden kann und so Raum entsteht, die erworbenen Fähigkeiten in der Praxis zu üben. Denn auch das ist erforderlich, um Kompetenzen nachhaltig zu festigen.

Wertvolle Interventionen sind regelmäßige Feedbackgespräche und Coachings durch den/die direkte/n Vorgesetzten. So können regelmäßige Schleifengänge (Nachfragen, Fragen beantworten, etc.) inszeniert und aktiviert werden, durch die das Gelernte gefestigt, mögliche weitere Unterstützungsmaßnahmen geplant und die Teamführung immer stärker in die Position eingebunden werden kann.

Für die Beurteilung, Bewertung und die Auswahl von MitarbeiterInnen für Führungspositionen können durch diesen Dreiklang aus Vorbereitung/Monitoring/Intervention Kriterien festgelegt werden. Boes et al. bestätigen die Wichtigkeit eines Kriterienkatalogs:

„Woran Beschäftigte und Karrierekandidat/-innen gemessen werden sollen, obliegt damit nicht mehr ausschließlich den individuellen Präferenzen und Entscheidungsmuster der Führungskräfte, sondern wird über die genannten Kriterien zentral und unternehmenseinheitlich festgelegt. Das HRM [Human Ressource Management] nimmt über diese Festlegung Einfluss auf die Verteilung der Karrierechancen, indem Passungsverhältnisse strukturiert werden, denen manche besser entsprechen als andere."[26]

Für Frauen wäre dies ein wichtiger Entwicklungsschritt, denn durch solche klar strukturierten Vorgehensweisen haben alle die gleichen Chancen un-

---

[26] Boes, A. et al. (2013): Karrierechancen von Frauen erfolgreich gestalten. Analysen, Strategien und Good Practices aus modernen Unternehmen. Wiesbaden. S. 121

geachtet der Geschlechterzugehörigkeit. Weiter können Unternehmen ihre Nachfolgeplanung dadurch realistischer einschätzen und so effizienter gestalten. Denn in die „in Frage kommenden" MitarbeiterInnen werden Zeit und Geld investiert werden und daher sollten Unternehmen wissen, wen sie weiter entwickeln. Schließlich sollen diese MitarbeiterInnen die Führung von morgen werden und diese Rolle möglichst erfolgreich, gewinnbringend und nachhaltig ausüben können. Für die Mitarbeiterbindung kann das transparente Aufzeigen gleicher Karrierechancen ein wichtiger Faktor sein.

Auf der Beziehungsebene ist hier zu bemerken, dass das Generieren eines gemeinsamen Sinns sich äußerst teambildend auswirkt und MitarbeiterInnen stärker ans Unternehmen bindet. In Zeiten des Fach- und Führungskräftemangels ein wichtiger Aspekt, da man die ausgebildeten (und geeigneten) Führungskräfte möglichst halten sollte, damit die Zeit und die Energie, die man in die Entwicklung dieser MitarbeiterInnen investiert hat, auch langfristig ins Unternehmen zurückfließt.

Dass sich MitarbeiterInnen mit und ohne Führungsverantwortung durch das Lesen von Fachliteratur auf dem aktuellen Stand des Fachgebietes halten sollten, versteht sich fast von selbst, sei aber der Vollständigkeit halber auch hier erwähnt. Weiter sind Maßnahmen, die ein gemeinsames, unternehmensinternes Lernen ermöglichen, eine gute Wahl, um sowohl den Transfer von Wissen als auch das Erleben der eigenen Kompetenzen zu gestalten. So erfahren Teamführungen, die Wichtigkeit und Wertigkeit der neuen Kompetenzen richtig einzustufen, und erleben, dass man auch mit den neuen Aufgaben erfolgreich sein kann. Hierzu gehören auch Partnerarbeit und Peer Learning, das Teilnehmen an Meetings sowie auch beispielsweise das Begleiten des Vorgesetzten bei Dienstreisen und außer Haus Terminen.

Vorgesetzte haben hier eine Vorbildfunktion, denn durch das Coachen der Teamführungen, wie man neue Fähigkeiten erprobt und in der Praxis anwendet, werden die neuen Leitungskräfte bei ihrer Persönlichkeitsentwicklung unterstützt. Denn wie bereits erwähnt, gehört das Reflektieren der eigenen Werte und Haltungen zum beruflichen Aufstieg.

Arnold hat hierzu eine kurze Handlungsempfehlung für Führungskräfte formuliert, die zum Gelingen der Transformation von Deutungsmustern und Interpretationsgewohnheiten beitragen kann (Abbildung 5).

> **Wie können Führungskräfte und Personalentwicklung zur Transformation von festgefahrenen Deutungsmustern und Interpretationsgewohnheiten anregen?**
>
> (1) „Zähme Deinen Blick", d. h. erkenne die Konstruktivität, Interpretationsgebundenheit und damit Relativität Deiner eigenen Vorstellungen und Vorschläge!
>
> (2) Es gibt keine Wahrheiten, sondern nur Ansichten, keine Abbilder der Wirklichkeit, sonder nur Konstruktionen – entschieden ist deshalb allein die pragmatische Brauchbarkeit bzw. „Gangbarkeit" („Viabilität") von Vorschlägen.
>
> (3) Kümmere Dich um die geteilte Wissensbasis Deines Bereichs! Rekonstruiere die dort „gültigen" Gebrauchstheorien („theories in use", „cognitive maps")!
>
> (4) Biete Foren und Lernanlässe zur – freiwilligen – Rekonstruktion, Diskussion und Reflexion unterschiedlicher Vorstellungen, Modelle und Konzepte („Deutungswerkstatt: Wie geht es weiter?")!
>
> (5) Plädiere defensiv-forschend und lege Dein Schwergewicht auf die Erkundung fremder Standpunkte! Sei hellhörig!
>
> (6) Entwickle ein Klima der Sachlichkeit und Argumentation.

Abb. 5: Transformation von Deutungsmustern (Quelle: eigene Darstellung in Anlehnung an Arnold, S. 44[27])

4.2 VON DER TEAMFÜHRUNG ZUR ABTEILUNGSFÜHRUNG

Um den Aufstieg von der Teamführung zur Abteilungsführung erfolgreich bewältigen zu können, ist es erforderlich, zu den bereits erworbenen Kompetenzen weitere, für die neue Position notwendige Kompetenzen auszubilden. Eine Schwierigkeit an dieser Stelle besteht dann, wenn Führungskräfte die vorherige Ebene übersprungen haben und daher (meist) nicht auf dieses Wissen und diese Fähigkeiten aufbauen können. Diese Problematik ist aber nicht nur bei diesem Ebenenwechsel zu verzeichnen, sondern immer, wenn eine Ebene (oder auch mehrere Ebenen) übersprungen wurde. Es besteht die Gefahr, dass Führungskräfte an den ihnen vertrauten Tätigkeiten, Denk-

---

[27] Arnold, R. (2013): Das Santiago-Prinzip. Systemische Führung im lernenden Unternehmen. 2. Band. 2. unveränderte Auflage. Baltmannsweiler. S. 44

und Handlungsmuster festhalten und so keine Zeit und wahrscheinlich auch kein Verständnis für die aktuell erforderlichen Aufgaben entwickeln können. Für das Unternehmen hat dies schwerwiegende Folgen, denn dadurch wird eine durchgängige Führungsstruktur verhindert und die Führungskräfte und MitarbeiterInnen ohne Führungsverantwortung können dadurch ihr Leistungspotenzial nicht voll umfänglich ausschöpfen. Führung muss demnach in modernen Unternehmen neu gedacht werden, denn sie kann

> „nicht mehr vorrangig mit Bezug auf die Hierarchie, auf disziplinarische Weisungsbefugnis oder auch fachliche Autorität funktionieren. Die Führungskraft ist vielmehr darauf angewiesen, dass die Beschäftigten ihre ‚Rolle' und fachlichen Mandate eigenständig im Sinne des Unternehmens erfüllen, kollektive Lösungen erarbeiten und die Führungskraft als Experten beraten."[28]

Daher ist ein wichtiger Lernprozess auf der Ebene der Abteilungsführung das Loslassen der Teamführungsaufgaben, um ausreichend Zeit zum Führen der Abteilung zu gewinnen. Hierzu gehört dann das Delegieren von Führungsaufgaben an die Teamführungen, um durch diese die Abteilung entsprechend steuern zu können. Das ist eine Veränderung im Werteverständnis, denn durch das Delegieren von leitenden Aufgaben und Tätigkeiten werden die Führungskräfte auf der untersten Ebene auch dafür verantwortlich sein. Diese Verantwortungsübernahme braucht echte Wertschätzung und auch Rückhalt durch die Vorgesetzten. Dies zeigt, dass Abteilungsführungen lernen müssen, über ihre Position hinaus zu denken und zu handeln, um die strategischen Ziele des Unternehmens erreichen zu können. Dazu gehört auch das Auswählen von MitarbeiterInnen, die für eine Führungsposition geeignet sind, sowie die Beurteilung dieser. Mit dieser wichtigen Aufgabe tragen Abteilungsführungen aktiv zur Personalentwicklung und somit zur Führungskräfteentwicklung des Unternehmens bei.

4.2.1 Entwicklungs- und Unterstützungsmaßnahmen

Um Abteilungsführungen entsprechend unterstützen zu können, müssen sich Unternehmen bewusst sein bzw. bewusst werden, dass Führungskräfte ab dieser Ebene die Unternehmensstrategie maßgeblich mit beeinflussen

---

[28] Boes, A. et al. (2013): Karrierechancen von Frauen erfolgreich gestalten. Analysen, Strategien und Good Practices aus modernen Unternehmen. Wiesbaden. S. 113

können. Sowohl in positiver als auch in negativer Hinsicht. Daher sollten Entwicklungs- und Unterstützungsmaßnahmen auch immer das Einbinden in die Strategieplanung und des Strategieprozesses beinhalten. Dadurch werden Führungskräfte sprachfähiger im Umgang mit den MitarbeiterInnen und können so unternehmerische Entscheidungen und Anforderungen klarer und verständlicher kommunizieren.

Wichtig sind an dieser Stelle auch Weiterbildungsangebote zum Mitarbeitercoaching und im Umgang mit Veränderungsprozessen. In der heutigen Zeit ist ein kompetentes Change-Management für Unternehmen unerlässlich, um sich erfolgreich und dauerhaft am Markt zu etablieren. Hierzu bedarf es kompetenter, engagierter und sprachfähiger Führungskräfte, denen es gelingt, den Strategieprozess mit den erforderlichen Schritten ins Unternehmen zu kommunizieren.

Da Führungskräfte selten Zugang zu Maßnahmen haben, die sie darin unterstützen, wie man zur Führungskraft wird, ist das Coaching durch die/den direkten Vorgesetzte/n ein besonderer Aspekt zur Entwicklung der Abteilungsführungen. Sie sind darauf angewiesen, dass Vorgesetzte das Coaching übernehmen und sie entsprechend der Anforderungen der Position anleiten. Klar ist, dass Coaching Zeit erfordert. Auch wenn zeitliche Ressourcen knapp sind, Führungskräfte-Coaching ist Teil einer erfolgreichen Unternehmensstrategie. Die investierte Zeit wird sich in der Kommunikation „Top Down" und die Erfolge durch das Coaching „Bottom Up" widerspiegeln. Es schafft Verständnis der MitarbeiterInnen für die strategischen Entscheidungen des Unternehmens und sorgt für Transparenz, wodurch Sinn generiert und Akzeptanz gesteigert wird.

4.3 Von der Abteilungsführung zur Hauptabteilungsführung

Der Übergang zur Hauptabteilungsführung ist mit herausfordernden Aufgaben und unternehmenswichtigen Kompetenzen gepaart. Aus unternehmerischer Perspektive müssen Hauptabteilungsleitungen die Fähigkeit besitzen oder entwickeln eine langfristige Perspektive zu identifizieren, dazugehörige Maßnahmen erkennen und diese transparent und klar ins Unternehmen kommunizieren können. Boes et al. sagen hierzu:

> „Kommunikativ überzeugen zu können und Beschäftigte zu motivieren ist […] auch schon für Führungskräfte auf der untersten Ebene von Bedeutung.

Kommunikation und Sinnverstehen sind der Kitt, der systemisch integrierte Unternehmen zusammenhält, über Kommunikation und Sinnverstehen erfolgt die Steuerung der dezentralen Verantwortlichkeiten."[29]

Da den Hauptabteilungsführungen mehrere Abteilungsführungen unterstehen, bedeutet dies, verschiedene Bereiche zu leiten, die außerhalb der eigenen Erfahrungswelt liegen. Um diese Anforderung authentisch und erfolgreich bewältigen zu können, müssen diese Abteilungen kennengelernt werden und echte Wertschätzung erfahren. Hierzu bedarf es neuer oder weiterer Kommunikationsfähigkeiten. Denn um auch die Mitarbeiterebene erreichen zu können, müssen Hauptabteilungsführungen „durch" zwei Führungsebenen hindurch die strategischen Zielvorhaben des Unternehmens kommunizieren lernen. Hauptabteilungsführungen muss es zum einen gelingen, interdisziplinäre Leitungssitzungen zu moderieren und zu steuern und zum anderen müssen sie im Rahmen ihres Aufgabenbereiches und durch ihr Entscheiden und Handeln das Unternehmen in die Zukunft führen können.

Neben den Herausforderungen im Umgang mit den unterstellten MitarbeiterInnen sind auch die neuen Aufgaben und Anforderungen im Umgang mit den eigenen Vorgesetzten unternehmenswichtig. Denn das Erarbeitete mit den Leitungskräften muss in die obere Führungsebene kommuniziert werden, d. h., Hauptabteilungsführungen muss es gelingen, die Anliegen und Bedarfe der unteren Ebenen zu sondieren und in unternehmerische Überlegungen umzuformulieren, um sie den eigenen Vorgesetzten vorstellen zu können. Führung auf dieser Ebene bringt daher mit sich, dass die verfolgte Strategie auf langfristigen Perspektiven fußt und zukunftsorientiert gestaltet wird, um sich am Markt Wettbewerbsvorteile zu verschaffen und nachhaltigen Erfolg zu sichern.

Auf dieser Ebene wird eine gewisse Führungsreife erwartet. Hauptabteilungsführungen, die diesen Reifeprozess bereits vollzogen haben, verstehen sich nicht länger als alleinige Fachexpertise, sondern fördern die Kooperation und Synergie der unterschiedlichen Abteilungen. Sie sorgen für und fördern gleichsam eine transparente und effiziente Kommunikation innerhalb des Unternehmens, indem sie diese neue Philosophie vorleben.

---

[29] Ebd. S. 113

4.3.1 Entwicklungs- und Unterstützungsmaßnahmen

Zu den internen Entwicklungs- und Unterstützungsmaßnahmen können oder sollten Hauptabteilungsführungen in den ersten sechs Monaten in ihrer neuen Rolle parallel auch externe Weiterbildungsangebote zur Erweiterung ihrer strategischen Kompetenzen wahrnehmen. Wichtig ist hierbei, dass die Maßnahmen und deren Nützlichkeit überprüft werden und Hauptabteilungsführungen entsprechend Feedback von ihren Vorgesetzten erhalten.

Intern sollten Hauptabteilungsführungen die Möglichkeit haben in interdisziplinären Teams, Projekten und Gremien mitzuwirken. Dadurch lernen sie nicht nur LeitungskollegInnen kennen, die unterschiedliche Berufs- und Lebenserfahrungen mitbringen, sondern sie können durch die Zusammenarbeit auch den eigenen Blickwinkel erweitern, neue Methoden kennenlernen und durch deren Fachexpertise ihre eigenen Fähigkeiten weiter entwickeln. Durch diese Ermöglichung werden interne Erfahrungsschätze gehoben und Synergieeffekte befördert. Dieses Zusammenwirken kann zur Emergenz neuer, ungeahnter Eigenschaften und Erkenntnissen für die/den MitarbeiterIn und innerhalb des Unternehmens führen. In Zeiten von Innovationsdruck eine wichtige Errungenschaft, um die notwendige Kreativität freizusetzen und Wettbewerbsvorteile zu generieren.

4.4 VON DER HAUPTABTEILUNGSFÜHRUNG ZUR GESCHÄFTSFÜHRUNG

Die Geschäftsführung wird von Führungskräften allgemein als die individuell befriedigendste und zugleich herausforderndste Führungsebene erlebt und ist zugleich von hoher unternehmerischer Bedeutung. Denn die Anforderungen und Erwartungen, mit denen Geschäftsführungen konfrontiert werden, sind neuer und ungewohnter als auf allen anderen Führungsebenen. Auf dieser Ebene sind Führungskräfte für den Gesamterfolg des Unternehmens verantwortlich. Daher müssen sie sowohl kurz- als auch langfristige Perspektiven im Blick haben und diese überprüfen. Dazu benötigen sie Zeit, was eine Veränderung des Zeitmanagements erfordert. Sie dürfen nicht länger den Arbeitstag mit Terminen durchplanen, sondern müssen sich zeitliche Freiräume zum Reflektieren und Analysieren schaffen. Nur mit ausreichend Zeit zum reflektierenden Denken, kann es gelingen eine Balance zwischen kurz- und langfristigen Strategien zu gewährleisten. Hierzu ist es wichtig, dass sie die auf den vorherigen Ebenen erworbenen

Kompetenzen stetig weiter entwickeln und in ihr strategisches und funktionsübergreifendes Denken integrieren.

In der Zusammenarbeit mit anderen müssen Geschäftsführungen lernen, sensibel mit Vielfalt, sowohl auf persönlicher als auch auf fachlicher Ebene, umzugehen. Denn sie müssen mit einer viel größeren Anzahl von MitarbeiterInnen geschickt umgehen können und das Wissen und die Kompetenz verschiedener Hauptabteilungsführungen zusammenführen. Dazu gehört auch, dass sie die zuarbeitenden Hauptabteilungen (Personal, Recht, Finanzen, etc.) verstehen und wertschätzen. Gelingt dies nicht, werden die MitarbeiterInnen dieser Hauptabteilungen inklusive der verantwortlichen Führungskräfte nicht ihre volle Leistung abrufen und einbringen können. Wenn auf der vorherigen Ebene noch das Operative im Fokus stand, müssen Geschäftsführungen jetzt die verschiedenen Funktionen integrieren und aus einer gesamten, gewinnbringenden Perspektive beleuchten. Um diese Anforderung bewältigen zu können, müssen sie lernen, dass verschiedene Perspektiven einen ganzheitlichen Einblick und Überblick generieren, und müssen zudem lernen, Feedback und Tipps der Hauptabteilungen anzunehmen und deren Meinungen und Einschätzungen zu vertrauen.

4.4.1 Entwicklungs- und Unterstützungsmaßnahmen

Ab dieser Ebene wird von den Führungskräften erwartet, dass sie in ihrer Führungsrolle derart gereift sind, dass sie ihre Entwicklungs- und Unterstützungsmaßnahmen weitestgehend eigenverantwortlich und selbstständig organisieren. Dieses Vorleben der Selbstorganisation ist sicherlich eine gute Botschaft an alle MitarbeiterInnen im Unternehmen, da man aber mehr denn je im Fokus des Unternehmens steht sicherlich nicht ausreichend. Daher ist es wichtig sich einen Mentor zu organisieren, ein Netzwerk aufzubauen und von direkten Vorgesetzten regelmäßiges Coaching zu erfahren. Denn in dieser Position ist man mit einer höheren Komplexität konfrontiert als auf jeder anderen Ebene zuvor, sodass der souveräne Umgang damit gelernt und geübt werden muss. Unterstützend wirken hier klare Zielvereinbarungen und die Kenntnis über die Zielvereinbarungen der Hauptabteilungsführungen. Denn wenn Geschäftsführungen die Gesamtstrategie des Unternehmens transportieren und steuern sollen, müssen sie diese auch durch die Hauptabteilungsführungen hindurch ins Unternehmen kommunizieren können.

Um an dieser Stelle handlungsfähig zu sein und zu bleiben ist es wichtig, die Kennzahlen des Unternehmens analysieren zu können. Durch diese Analyse können Geschäftsführungen wertvolle Informationen über das Unternehmen erlangen, durch die sie notwendige Schritte, Korrekturen und/oder Lösungswege ableiten können. Sollten Geschäftsführungen den Umgang mit Kennzahlen bisher noch nicht gelernt haben, weil sie womöglich Ebenen übersprungen oder von einem anderen Unternehmen gekommen sind, ist diese Kompetenzerweiterung zu priorisieren. Eine weitere Entwicklungsmaßnahme sind regelmäßige Sondierungsgespräche mit dem/der Vorgesetzten sowohl direkt bei Stellenantritt als auch zukünftig, um gemeinsam den Weg der Geschäftsführung als auch den Weg des Unternehmens, zu gestalten. Sollte dies nicht regelmäßig möglich sein, wäre auch ein externes Coaching ein bewährtes Mittel zur Kompetenzerweiterung sowohl aus fachlicher als auch aus persönlicher Sicht.

4.5 VON DER GESCHÄFTSFÜHRUNG ZUR UNTERNEHMENSFÜHRUNG

Ab dieser Ebene wird die erforderliche Führung ganzheitlicher als in den Ebenen zuvor. Unternehmensführungen sind nicht länger nur wegen ihrer Fachexpertise gefragt, sondern darüber hinaus in Ihrer Fähigkeit zum ganzheitlichen Denken. Denn sie müssen in der Lage sein (Unternehmens-) Strategien auszuwerten, zu analysieren und zu bewerten, Geschäftsführungen in ihrer Entwicklung zu unterstützen und zu coachen, Portfolio-Strategien zu entwickeln und diese in Unternehmen zu implementieren, sowie Unternehmen dahingehend zu beurteilen, ob sie bereits über die richtigen Kernkompetenzen verfügen, um Marktgewinne zu erzielen. Hier wird deutlich, dass erneut eine Werteverschiebung im Denken und Handeln erforderlich ist. Unternehmensführungen muss es gelingen, die Erfolge der Unternehmen als indirekten eigenen Erfolg durch das Führen und Entwickeln mehrerer Unternehmen und Geschäftsführungen wertzuschätzen. Wem dies nicht gelingt, der/die wird auch nicht in der Lage sein, die unterstellten Geschäftsführungen zu inspirieren und entsprechend zu unterstützen. Dies würde eine Verstopfung der Führungslinie mit sich bringen, da Geschäftsführungen und Unternehmensführung zum einen weder ihr volles Potenzial ausschöpfen könnten, zum anderen würde die Autorität der Geschäftsführungen durch diesen Umgang von der Unternehmensführung untergraben.

Damit dies nicht passiert, gehört zu den wesentlichen Kompetenzen auch die Fähigkeit zur rekursiven Selbstreflexion. Denn Unternehmensführungen müssen auch in der Lage sein, einen scharfsinnigen Blick auf sich selbst zu werfen. Sie müssen vermeiden, dass Wunschdenken in die Unternehmensstrategie einfließt, und stattdessen einen kritischen und objektiven Blick auf die vorhandenen Ressourcen werfen und diese dann mit Hilfe von Analysen und Erfahrungen beurteilen. Darüber hinaus müssen sie lernen oder gelernt haben, mit größeren Risiken und Unsicherheiten umgehen zu können, schwierigere Entscheidungen als in den Ebenen zuvor zu treffen und in größeren Zeitspannen zu denken, zu planen und zu agieren.

4.5.1 Entwicklungs- und Unterstützungsmaßnahmen

Zur Entwicklung und Unterstützung von MitarbeiterInnen die in die Unternehmensführung wechseln, ist ein Zusammenspiel von Erfahrungsaustausch, Selbsterfahrung, gezielte Trainings und Maßnahmen erforderlich. Um die berufliche Erfahrungswelt der Unternehmensführung zu erweitern, kann, wenn möglich, die Zuordnung von Unternehmen, die sehr unterschiedlich aufgestellt sind und vielleicht sogar in Größe und Themenschwerpunkt variieren, eine wertvolle Maßnahme sein. Durch diese Zuordnung in den Zuständigkeitsbereich der Unternehmensführung kann diese/r erfahren und lernen, dass verschiedene Modelle zum Erfolg führen können. Sollten diese nicht gleich erfolgreich sein, wird an dieser Stelle bereits durch die Auseinandersetzung mit den Gegebenheiten ein Lernfeld von unschätzbarem Wert ermöglicht.

Unschwer zu erkennen ist die Unsicherheit, mit der Unternehmensführungen konfrontiert werden. Um mit dieser umgehen zu lernen und umgehen zu können, sind Coachings unerlässlich. Diese können durch Vorgesetzte übernommen oder extern organisiert werden. Daran anschließend wirkt der Aufbau eines (internen) Netzwerkes besonders unterstützend. So wird der Transfer des internen Wissens gewährleistet und die Unternehmensführungen können, über Unternehmensgrenzen hinweg durch den Austausch mit KollegInnen die Gesamtstrategie zum einen kritisch beleuchten und zum anderen durch die Bündelung der Kompetenzen optimieren und zur Umsetzung bringen. Dieses Networking unterstützt Unternehmensführungen auch in ihrer Persönlichkeitsentwicklung, indem sie durch die Erfahrungen der anderen, ihr eigenes Führungsverhalten reflektieren können und analog zur Praxis lernen, die Fragen zu stellen mit denen sie die Anforderung der Entwicklung und Rekrutierung von Geschäftsführungen bewältigen können.

Ergänzend dazu sind natürlich auch Instrumente erforderlich, mit denen Unternehmensziele klar messbar sind. Hierzu gehören die wesentlichen Kennzahlen der Unternehmen, Mitarbeiterbeurteilungen, Analyseinstrumente (z. B. SWOT-, Portfolio-, Potenzialanalyse, etc.) und ein etabliertes Qualitätsmanagementsystem, um auch messbare Daten und Fakten über die zu führenden Unternehmen zu generieren. Der Umgang damit und die Kompetenz diese Daten entsprechend analysieren zu können kann u. U. auch Teil der Entwicklungs- und Unterstützungsmaßnahmen sein.

4.6 VON DER UNTERNEHMENSFÜHRUNG ZUR KONZERNFÜHRUNG

Von Konzernführungen wird erwartet, dass sie als Treiber mit visionärem Denken und globaler Perspektive dem Unternehmenskonzern die Richtung weisen. Weiter sollen sie sehr langfristige Perspektiven erdenken, planen und transportieren können. Sie müssen unternehmerische Maßnahmen kennen und entwickeln können, durch die Quartalsanforderungen und -leistungen mit der langfristigen Unternehmensstrategie in Einklang gebracht werden können. Dazu müssen sie jedoch die Fähigkeit des Loslassens mitbringen. Sie können sich nicht länger mit Einzelteilen der Führung beschäftigen, sondern müssen sich auf das große Ganze konzentrieren. Hierzu bedarf es Mut und aushalten können (hier vielleicht mehr als auf jeder Ebene zuvor), denn Konzernführungen muss klar sein, dass einige der hochleistenden und ehrgeizigen FührungskollegInnen in der Ebene darunter diesen Job selbst gerne hätten. Daher sind die Veränderung der Werte und das Bewusstsein der Führungsaufgabe auf dieser Ebene wichtiger als auf allen anderen Ebenen.

Besonders hervorzuheben ist an dieser Stelle, dass wenn die Führungslinie von ganz oben verstopft wird, sich dies negativ auf allen anderen Ebenen auswirken wird. Im Besonderen dann, wenn Konzernführungen eine oder mehrere Ebenen übersprungen haben, ohne die notwendigen persönlichen und fachlichen Entwicklungen durchlaufen zu haben oder zumindest ohne Veränderungsnotwendigkeit zu erkennen. Denn diesen Konzernführungen wird es nicht gelingen, die ihnen unterstellten Führungskräfte entsprechend zu fördern und zu entwickeln und gleichzeitig werden sie die für ihre Position erforderlichen Aufgaben nicht adäquat ausfüllen können.

Genau dieser Punkt ist ein Wesentlicher, denn das Coachen, Rekrutieren und Fördern von Führungskräften in den höchsten Führungsebenen ist eine Kunst, die es in dieser Position zu perfektionieren gilt. Ein Konzern kann es sich nicht leisten, dass Führungskräfte auf diesem Niveau aus den falschen Beweggründen und/oder mit unzureichenden Kompetenzen Rollen besetzen, denen sie nicht gewachsen sind.

4.6.1 Entwicklungs- und Unterstützungsmaßnahmen

Auf dieser Ebene gibt es eine spannende Wendung bei den Entwicklungs- und Unterstützungsmaßnahmen, denn ab hier gelten neue Regeln. Die Entwicklung zur Konzernführung muss nämlich der Höhepunkt der Entwicklungskurve entlang der beruflichen Laufbahn einer Führungskraft sein. Sprich, das Überspringen von Führungsebenen ist an diesem Punkt nicht mehr entschuldbar und auch nicht mehr kompensierbar. War es auf den anderen Ebenen (je höher desto schwieriger) eventuell noch möglich, Lücken zu schließen und Entwicklungsschritte aufzuholen, ist die Komplexität der Anforderungen und die Wirkung auf den gesamten Konzern mit all seinen MitarbeiterInnen zu existenziell, um Kompromisse eingehen zu können. Denn alle Lernerfahrungen und Entwicklungsschritte, die durch das Durchlaufen der vorherigen Stufen gemacht und errungen wurden, haben auf dieser Ebene eine kumulative Wirkung auf den Erfolg einer Konzernführung. Die Summe der Erfahrungen in Bezug auf die relevanten Kompetenzen, des Zeitmanagements und der Werteorientierung steigern die Erfolgschancen sowohl für die Konzernführung als auch für die unterstellten MitarbeiterInnen, inklusive der dazugehörigen Unternehmen.

Um Unternehmensführungen auf ihrem Weg zur Konzernführung zu unterstützen, kann die leitende Übernahme eines neuen Geschäftszweiges mit einem neuen Geschäftsmodell wertvolle Lernerfahrungen und Erkenntnisse generieren. Denn kommt eine Geschäftsführung hier an seine/ihre Grenzen, wird das Leiten eines Konzerns mit weit komplexeren Anforderungen für diese Führungskraft noch nicht lösbar sein. Eine weitere Möglichkeit ist das Übertragen einer konzernübergreifenden Projektleitung. So können zukünftige Konzernführungen die Fülle an Unternehmen mit ihren Besonderheiten und spezifischen Rahmenbedingungen kennenlernen und dadurch eine globalere Perspektive und umfassende Erfahrungen gewinnen, die vorbereitend auf die neue Rolle wirken. Letztendlich sind der Aufbau und das bewusste Nutzen von Netzwerken in dieser Position von besonderem

Wert. Zukünftige Konzernführungen müssen mehr denn je jede Möglichkeit nutzen und nutzen wollen, um sich weiter zu entwickeln. Das Pflegen von Netzwerken und der damit verbundene fachliche Austausch sind eine Ermöglichung aus der Praxis für die Praxis zu lernen und somit besonders wertvolle Entwicklungs- und Unterstützungsmaßnahmen.

Happich fasst die Wirkung von guten Netzwerken so zusammen:

„Ein gutes Netzwerk eröffnet Zugang zu wichtigen Akteuren, es kann Informationen zuspielen und Unterstützung vermitteln. Je weiter eine Führungskraft in der Hierarchie aufsteigt, umso mehr ist sie hierauf angewiesen. Da Networking zeitaufwendig ist, sollte man Businesskontakte mit einem klaren Ziel und gut überlegt aufbauen. [...] Das Idealziel des Netzwerkes ist die Symbiose – ein Geben und Nehmen, von denen beide Partner gleichermaßen profitieren."[30]

4.7 WELCHE MASSNAHMEN UNTERSTÜTZEN DIE INTERNE NACHFOLGEPLANUNG?

Um intern MitarbeiterInnen zu Führungskräften zu entwickeln, bedarf es einer offenen Haltung innerhalb des Unternehmens. Denn ohne eine moderne Unternehmenskultur ist das Vorhaben einer neuen, strategischen und gendersensiblen Personalentwicklung nicht umsetzbar. Hierzu müssen zunächst verstaubte Zuschreibungen und veraltete Rollenbilder bewusst gemacht und abgelegt werden. Damit dies gelingt, ist die interne Kommunikation von besonderer Bedeutung, denn es muss gelingen, der Mitarbeiterschaft auf allen Ebenen die Vorteile einer gendersensiblen Personalentwicklung zu transportieren. Denn häufig passiert, dass gendersensible Maßnahmen wie die bessere Vereinbarkeit von Familie und Beruf, als reine Maßnahmen zur Frauenförderung wahrgenommen werden und somit nur wenig Wertschätzung innerhalb des Unternehmens erfahren.

Kaiser et al. beschreiben dieses Phänomen wie folgt:

„Instrumente zur besseren Vereinbarkeit von Beruf und Familie (Teilzeitmodelle, Programme zur optimalen Realisierung von Eltern- und Auszeiten, Home-Office-Lösungen etc.) adressieren offiziell selbstverständlich beide Geschlechter, faktisch werden sie aber hauptsächlich von Frauen genutzt

---

[30] Happich, G. (2013): Ärmel hoch! Die 20 wichtigsten Führungsthemen und wie Top-Führungskräfte sie anpacken. 4. Aufl. Zürich. S. 122–123

und innerhalb des Unternehmens als »Frauenmaßnahmen« wahrgenommen."[31]

Dies hat zur Folge, dass entsprechende Maßnahmen eher kontraproduktiv wirken, da der Nutzen für die Männer entweder nicht offensichtlich ist oder auch nicht kommuniziert wurde.

4.7.1 Unternehmenskultur neu denken

Um eine gendersensible Personalentwicklung in Unternehmen implementieren zu können, bedarf es eines Umdenkens oder Neudenkens. Denn verschiedene Umfragen und Studien ergaben, dass die Rekrutierung von weiblichen Fachkräften und die Gewinnung von Frauen für Führungspositionen in den meisten Unternehmen (zugegeben mit höherem Männeranteil) eher unter einem emotional-atmosphärischen Aspekt befürwortet werden. In den (männlichen) Köpfen hält sich hartnäckig, dass Frauen für ein besseres Arbeitsklima und einen charmanteren Umgangston im Unternehmen sorgen. Zum einen ist dies schnell widerlegbar (jeder/jede hat hier sicherlich mühelos einige Gegenbeispiele parat) und zum anderen ist ein emotional-atmosphärisches Argument nicht stark genug, um ernsthafte und nachhaltige Veränderungsprozesse anzustoßen. Unschlagbar ist jedoch das Argument des ökonomischen Nutzens von heterogenen Teams.[32] Nur wenn klar kommuniziert wird, dass ein höherer Frauenanteil, insbesondere auf Führungsebene, Innovationsfähigkeit und ökonomische Vorteile mit sich bringt, wird sich auch die Unternehmenskultur dahingehend wandeln können. Denn

„[…] fehlendes Bewusstsein für die Innovations- und Kreativitätsvorteile gemischtgeschlechtlicher Führungsteams und die damit verbundene Nicht-Berücksichtigung von Gender-Aspekten in Stellenbesetzungsprozessen stellen derzeit noch eine wesentliche unternehmenskulturelle Hürde für mehr Frauen in Führungspositionen dar."[33]

---

[31] Kaiser, S. et al. (2012): Unternehmenskulturen verändern – Karrierebrüche vermeiden. Fraunhofer-Gesellschaft. Stuttgart. S. 16
[32] Vgl.: Europäische Union (2012): Frauen in wirtschaftlichen Entscheidungsprozessen in der EU: Fortschrittsbericht – Eine Europa-2020-Initiative. Luxemburg. S. 7 ff.
[33] Ebd. S. 15

Aber Unternehmen profitieren durch einen ausgewogenen Mix an Männern und Frauen in den Führungsebenen von den Synergieeffekten der verschiedenen Fähigkeiten und Sichtweisen. Durch diese Ermöglichung der Multiperspektivität können Kompetenzen und Innovationen emergieren, die sich bei einer offenen, transparenten und wertschätzenden Unternehmenskultur dann auch proportional erfolgbringend auf das Unternehmen auswirken. Weiter bedeutet ein höherer Frauenanteil in Führungspositionen eine attraktivere Außenwahrnehmung, dadurch werden wiederum qualifizierte Frauen auf das Unternehmen aufmerksam, wodurch die Rekrutierung erleichtert wird. Dies bestätigt auch die vom Bundesministerium für Familie, Senioren, Frauen und Jugend in Auftrag gegebene Untersuchung „Frauen in Führungspositionen – Auswirkungen auf den Unternehmenserfolg".[34] Diese belegt, dass sich ein höherer Frauenanteil, gerade in den höheren Führungsgremien, positiv auf das Arbeitgeberimage als auch auf die Motivation der MitarbeiterInnen auswirkt. Weiter wirkt es wie eine Legitimation nach innen, dass Frauen in Führungspositionen gewünscht sind. Ein Mehrwert für die Kommunikation und Unternehmenskultur.

Laut des McKinsey-Reports „Women Matter 2013" stehen Unternehmenskultur und Aufstiegschancen für Frauen in engem Zusammenhang. Denn um Frauen erfolgreich für die Führung gewinnen zu können, müssen sich auch Rahmenbedingungen innerhalb der Unternehmen ändern. Neben der Schulung von erfahrenen (männlichen) Führungskräften bzgl. der Hürden, vor denen Frauen beim Gestalten ihrer Karriere stehen, müssen auch Maßnahmen wie flexible Arbeitszeitgestaltung und das Führen auf Distanz, als auch der Aspekt der geteilten Führung Einzug ins Unternehmen halten. So sind 90 % der von McKinsey befragten Führungskräfte immer noch davon überzeugt, dass Führungspositionen mit weniger als 100 % des Stellenumfangs nicht bewältigt werden können.[35]

Weiter müssen Führungskräfte für die neue Generation sensibilisiert werden, um diese erfolgreich zu führen und zu Führungskräften von morgen entwickeln zu können.

---

[34] BMFSFJ (2011): Frauen in Führungspositionen – Auswirkungen auf den Unternehmenserfolg.
[35] Vgl.: McKinsey & Company (2013): Women Matter 2013. Gender Diversity In Topmanagement. Moving Corporate Culture, Moving Bounderies. Paris. S. 14

Hamel sagt hierzu sehr treffend:

> „Wenn die Managementpioniere von morgen Organisationen schaffen wollen, die in ihrer Fähigkeit zur Anpassung, zur Innovation und zum Hervorrufen von Begeisterung wahrhaft menschlich sind, dann müssen sie Mittel und Wege finden, um profanen, kommerziellen Aktivitäten tiefe, bewegende Ideale einzuhauchen [...]."[36]

Das bedeutet, die neue Generation hoch qualifizierter MitarbeiterInnen hat hohe Anforderungen an ihre zukünftigen ArbeitgeberInnen. Diese jungen MitarbeiterInnen möchten ihre Arbeitszeit mit Aufgaben füllen, die sie für sinnvoll und sinnhaft erachten und die ihnen dennoch genügend Raum und Zeit zur Nutzung ihrer privaten Zeit ermöglichen.

4.7.2 Internes Talentmanagement
Die Herausforderungen der Nachfolgeplanung sind jedem Unternehmen bekannt. Um Führungspositionen neu besetzen zu können, bedarf es vielfältiger Investitionen. So müssen Stellenanzeigen geschaltet, Bewerbungen gesichtet, Gespräche geführt werden, die neuen Führungskräfte eingearbeitet und mit der Unternehmensphilosophie vertraut gemacht werden. Dies alles kostet Zeit und Geld.

Ein Blick nach innen auf die bereits vorhandenen „Human Ressources" kann an dieser Stelle nicht nur Kosten sparen, sondern auch die Nachfolgeplanung langfristig positive beeinflussen. Ein internes Talentmanagement investiert in bereits vorhandene MitarbeiterInnen, die aufgrund ihrer Persönlichkeiten, Qualifikationen, Leistungsbereitschaft, Haltung, Werteorientierung, Verbindlichkeit etc. wertvolle Voraussetzungen mitbringen, um Führungspositionen erfolgreich ausfüllen zu können. Die Investitionen in diese MitarbeiterInnen verhelfen Unternehmen zu einer realistischen Einschätzung und Planung der zukünftigen Führungsriege.

Für die aktuellen Führungskräfte bedeutet das, dass sie zu Talentmanager werden müssen, die mit Hilfe von Personalentwicklungsinstrumenten/ Führungselemente (z. B. Mitarbeitergesprächen, Sondierungsgesprächen, Jour fixe, Zielvereinbarungen, Führen mit Kennzahlen, etc.) die Fähigkeiten und Zukunftspläne der MitarbeiterInnen evaluieren müssen, um aus ihren Teams geeignete KandidatInnen zur Führungskräfteentwicklung sicht-

---

[36] Hamel, G. (2013): Worauf es jetzt ankommt. Ulm. S. 263

bar zu machen. Ein hilfreiches Instrument hierzu ist die gestaltende Personalentwicklungs-Hand (siehe Abbildung 6). Durch dessen Nutzung erhalten Führungskräfte einen ganzheitlichen Blick auf notwendige Führungselemente, die sie den Rahmenbedingungen und Anforderungen ihres Unternehmens anpassen können.

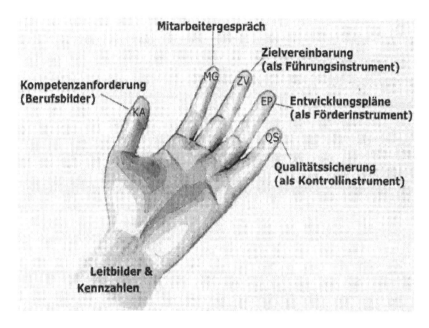

Abb. 6: Die gestaltende PE-Hand (Quelle: Arnold 2013[37])

Die Elemente der „gestaltenden PE-Hand" werden dann zur Entwicklung aller MitarbeiterInnen genutzt. Durch diese bewusste Hinwendung zu ALLEN MitarbeiterInnen werden beide Geschlechter berücksichtigt und Frauen, die bisher (eventuell) übersehen wurden, haben eine gleichberechtigte Chance Teil der Nachfolgeplanung zu werden. Hierbei haben Führungskräfte eine Multiplikatorenfunktion. Sie müssen zum einen die erforderli-

---

[37] Arnold, R. (2013): Das Santiago-Prinzip. Systemische Führung im lernenden Unternehmen. 2. Band. 2. unveränderte Auflage. Baltmannsweiler. S. 59

chen Anforderungen und internen Möglichkeiten in ihre Teams transparent kommunizieren und zum anderen die Ergebnisse aus den genutzten Führungselementen ihren Vorgesetzen zur Verfügung stellen, um somit geeignete Personen für eine Führungslaufbahn empfehlen zu können. Um dies erfolgreich tun zu können, müssen sich Führungskräfte selbst weiter bilden, denn sie müssen umfassende Kenntnisse darüber haben, welche Kompetenzen auf den jeweiligen Führungsebenen erforderlich sind, um MitarbeiterInnen auch dementsprechend auswählen und/oder empfehlen zu können. Der Mehrwert dieser Kenntnisse ist, dass Führungskräfte die Chance zur Selbstreflexion erhalten, denn durch die bewusste Auseinandersetzung mit den Erwartungen, können sie ihre eigenen Fähigkeiten entsprechend reflektieren (lernen). Quasi eine wertvolle Weiterbildung „nebenbei" und eine Reduzierung der Gefahr, dass MitarbeiterInnen aus den falschen Gründen in Führungspositionen befördert werden.

Ein internes Talentmanagement kann auch genutzt werden, um MitarbeiterInnen nachhaltig zu binden. Denn gerade MitarbeiterInnen, die sich als nicht wahrgenommen erleben, verlassen u. U. ihr Unternehmen, wenn sie bei einem/r anderen/r ArbeitgeberIn eine realistischere Aufstiegschance erkennen können. Gleiches gilt für MitarbeiterInnen vor oder während der Elternzeit. Frauen können vor einer eventuellen Familienzeit wertvolle Jahre hohe Positionen sehr gut ausfüllen, und wenn sie bereits höhere Positionen innehatten, unterbrechen sie ihre Erwerbsbiografie meist deutlich kürzer. Das Wissenschaftszentrum Berlin für Sozialforschung hat mit seiner Befragung im Jahr 2012 „Lebensentwürfe heute. Wie junge Männer und Frauen in Deutschland leben wollen" u. a. auch die (geplanten) Erwerbsunterbrechungen evaluiert. Im Vergleich zu den Jahren zuvor zeigt sich ein Trend zu kürzeren Erwerbsunterbrechungen bei jungen Frauen. „Dieser Trend zeichnet sich umso stärker ab, je höher die Bildung der Frauen ist. Gut gebildete Frauen planen zu 55 Prozent eine Unterbrechung von einem Jahr."[38] Das zeigt, dass hoch qualifizierte MitarbeiterInnen ihren Wiedereinstieg bereits vor der Elternzeit bedenken. Daher sind nicht nur die Jahre vor der Elternzeit besonders wertvoll, sondern deren Gestaltung hat auch einen nachhaltigen Effekt auf die MitarbeiterInnenbindung und die Zukunft im Unternehmen. MitarbeiterInnen die erleben, dass eine Elternzeit nicht

---

[38] WZB (2013): Lebensentwürfe heute: Wie junge Frauen und Männer in Deutschland leben wollen. S. 29 in http://bibliothek.wzb.eu/pdf/2013/p13-002.pdf

zwingend mit einem Karriereeinbruch verbunden sein muss, fühlen sich wertgeschätzt und mit dem Unternehmen eher verbunden. Dies ist eine Win-win-Situation für Unternehmen und MitarbeiterInnen. Denn auf der einen Seite können durch die Mitarbeiterbindung hohe Rekrutierungskosten und Zeit für die Einarbeitung neuer MitarbeiterInnen eingespart und auf der anderen Seite Karrierebrüche von Frauen verhindert werden.

4.7.3 Coaching, Mentoring und Supervision/Intervision

Coaching, Mentoring und Supervision/Intervision nehmen aufgrund der immer komplexer werdenden Wirklichkeit moderner Unternehmen eine wichtige Stellung ein. Und auch in der internen Nachfolgeplanung, der Entwicklung von Führungskräften sind diese Maßnahmen wertvolle Unterstützungsangebote zur Steigerung der Führungskompetenz. Achouri bestärkt diese Einschätzung wie folgt:

> „Mentoring und Coaching spielen in selbstorganisierten Teams eine bedeutende Rolle. In dem Maße, wie fixe Führungspersonen und -funktionen obsolet werden, wird nicht nur die Doppelrolle Führungskraft/Coach an Bedeutung gewinnen, vielmehr werden sich Teammitglieder untereinander coachen und Teams sich gegenseitig supervidieren."[39]

Diese Maßnahmen ermöglichen Unternehmen und MitarbeiterInnen gleichermaßen, die Entwicklung zu und von Führungskräften bereits zu Beginn der Karriere als auch im weiteren Karriereverlauf nachhaltig zu gestalten. Führungskräfte haben hier eine Multiplikatorenfunktion. Denn je nach Führungsebene sind ihnen bereits mehrere Führungskräfte auf unteren Ebenen unterstellt, die von der Kompetenzerweiterung ihrer Vorgesetzten profitieren sollen. Weiter ist das Coachen von MitarbeiterInnen, wie bereits mehrfach erwähnt, Teil des Aufgabenprofils und der Stellenbeschreibung von Führungskräften in modernen Unternehmen. Um dieser Aufgabe gerecht werden zu können, benötigen Führungskräfte ausreichend Erfahrung und Übungsmöglichkeiten im Umgang mit Coaching, Mentoring und Supervision/Intervision.

---

[39] Achouri, C. (2011): Wenn Sie wollen, nennen Sie es Führung. Systemisches Management im 21. Jahrhundert. Hamburg. S. 243

Das Coachen von Führungskräften kann auf allen Ebenen erfolgen und sollte bereits zu Beginn einer Karriere eingesetzt und genutzt werden, um „Neu-Führungskräften" den Einstieg in ihre Rolle zu erleichtern. Schlippe und Schweitzer bezeichnen Coaching von Führungskräften zu diesem Zeitpunkt als „Übergangsritual", bei dem folgende Fragen geklärt werden sollten: Sind die neuen Führungskräfte mit den Wertesystemen des Unternehmens vertraut und gehen sensibel damit um? Haben sie ein Geschichtsbewusstsein (Was sollte man aus der Erfahrung meiden? Worauf ist man stolz und welche offenen Wunden gibt es?) für das Unternehmen und zeigen dieses auch? Erkennen und würdigen sie Geleistetes und Bewahrenswertes? Sind sie sich ihrer expliziten und impliziten Aufgaben bewusst? Können sie mit Loyalität und Widerstand umgehen? Und nicht zuletzt: Können sie aus einer Beobachtung zweiter und vielleicht auch dritter Ordnung die Auswirkungen für die Zukunft durchdenken?[40] Mit den daraus gewonnenen Erkenntnissen können Führungskräfte ihre eigene Rolle und die Wirklichkeit des Unternehmens reflektieren. Wichtig ist, dass Coaching als Prozess verstanden wird, der durch aufeinander aufbauende Gespräche, die Auseinandersetzung mit den eigenen Wirklichkeitskonstruktionen und den gewonnenen Erkenntnissen sowohl zur Persönlichkeitsentwicklung der Führungskräfte als auch zu deren Kompetenzerweiterung beiträgt. Daher sollten Coachings auf allen Führungsebenen eines Unternehmens als wertvolle Maßnahme angesehen und eingesetzt werden. Die Anforderungen und Erwartungen werden, wie bereits erörtert, komplexer und vielfältiger, je höher man im Unternehmen aufsteigt, und zu deren Bewältigung bedarf es einer kontinuierlichen, persönlichen Entwicklung. Coaching kann zusätzlich aber auch eine wertvolle Maßnahme zur Steigerung des Frauenanteils in höheren Führungspositionen darstellen. Denn durch den individuellen Austausch mit den Führungskräften werden Talente und Ressourcen erkannt, die ohne Coaching nicht zum Vorschein kämen. Dies ermöglicht Frauen, sich für eine Karriere im Unternehmen sichtbar zu machen, und es ermöglicht Unternehmen, die Nachfolge mit den richtigen MitarbeiterInnen zu gestalten.

Mentoring ist die Beratung und Unterstützung von unerfahreneren und meist jüngeren MitarbeiterInnen (Mentee) durch erfahrenere MitarbeiterIn-

---

[40] Vgl.: Schlippe A./Schweitzer J. (2012): Lehrbuch der systemischen Therapie und Beratung I. Das Grundlagenwissen. Göttingen. S. 408–409

nen (MentorIn) durch die Bildung von Lerntandems. War früher der Nutzen rein auf Seiten des/der Mentee gesehen, wird in den neueren Forschungen immer stärker auf die Wechselwirkung und die dyadische Lerngestaltung hingewiesen. Liebhart beschreibt neuere Mentorenmodelle folgendermaßen: „Die klassischen Rollen zwischen Alt und Jung lösen sich bei einigen Mentoringformen sogar vollständig zugunsten einer kompetenz- und erfahrensbasiertern Hierarchie auf [...]. Damit entwickelt sich gegenseitiges Lehren und Lernen hin zu einem dialogorientierten Voneinander- und Miteinanderlernen."[41] Auch das Vorstellen und Kontaktherstellen des/der Mentee in und zu den wertvollen Netzwerken des/der MentorIn ist Teil dieser Tandembeziehung. Gerade für Frauen, die häufig nicht über diese wichtigen Netzwerkverbindungen verfügen, ist dies ein besonderer Mehrwert. Denn oft bleiben sie an der „Gläsernen Decke" zur oberen Führungsriege haften und haben dadurch keine Chance, diese Kontakte selbst zu knüpfen. Somit leisten Mentorenprogramme in Unternehmen einen wertvollen Beitrag zur Karriereplanung von Frauen, mit dem Mehrwert eines besseren Abreitgeberimages und der wechselwirkenden Kompetenzerweiterung zwischen Mentee und MentorIn. Weitere Vorteile von Mentoring sind nach Krämer-Stürzel die „schnelle Einarbeitung und Unternehmens- bzw. Abteilungsintegration, [die] kontinuierliche Förderung der Handlungskompetenz, Persönlichkeitsentwicklung, Praxisnähe und Wirtschaftlichkeit, [das Geringhalten] von Anfangsproblemen sowie [das Vertrautmachen] mit der Betriebskultur."[42] Ein weiterer Vorteil ist, dass Mentoring sowohl für Mentee als auch für MentorInnen während der Elternzeit stattfinden kann, wodurch das bereits genannte Kontakthalten eine neue Qualität erhält.

Supervisionen (Beratung durch einen Experten) und Intervisionen (gegenseitige Beratung von KollegInnen) sind, im unternehmerischen Kontext, grundsätzlich Beratungsformen für alle MitarbeiterInnen und nicht (wie beim Coaching) ausschließlich Führungskräften vorbehalten. Sie dienen

---

[41] Liebhart, U. (2013): Die Bedeutung der Beziehungsqualität im Mentoring. In: Gutman, J. (et al.) (2013): Personalentwicklung. Themen, Trends, Best Practice 2014. Freiburg. S. 340
[42] Krämer-Stürzl, A. (2011): Aktuelle Entwicklungen in der Personalentwicklung. Studienbrief SB – 1 C20 des Master-Fernstudiengangs Systemische Beratung der TU Kaiserslautern. 4. aktualisierte und überarbeitete Auflage. Unveröffentlichtes Manuskript. Kaiserslautern. S. 51

der Steigerung der Effizienz und Qualität der Arbeit sowie der Persönlichkeitsentwicklung jedes einzelnen Supervisanden. Supervision als auch Intervision hat das Ziel, reflexive Lernprozesse anzustoßen, durch die Supervisanden die Bereitschaft entwickeln, neue Lösungsmöglichkeiten zu entwickeln und dadurch auch wirklich neue Wege zu gehen.[43] Dies zeigt, dass Supervisionen aus unternehmerischer Sicht eine wertvolle Methode zur Führungskräfteentwicklung darstellen. Denn moderne Unternehmen brauchen Führungskräfte, die bereit und in der Lage sind, ihre Denk- und Handlungsmuster kritisch zu reflektieren. MitarbeiterInnen, die sich mit ihren Wirklichkeitskonstruktionen auseinandersetzen und so neue Lösungswege ermöglichen, unterstützen Unternehmen darin, mit den Anforderungen einer immer komplexer werdenden Umwelt konstruktiv umgehen zu können. In Supervisionen werden nicht nur die Denk- und Handlungsmuster der Supervisanden erlebbar gemacht, sondern auch Arbeitszusammenhänge reflektiert und die Zusammenarbeit optimiert. Durch diesen Kontextbezug können Changeprozesse im Unternehmen begleitet und Entwicklungen geplant werden. Darüber hinaus wirkt sich der Austausch mit den KollegInnen positiv auf Interaktions- und Kommunikationsprozesse im Unternehmen aus.[44] Da Supervision zum einen zeitlich begrenzt und zum anderen auch kostenintensiv ist, können im Anschluss an moderierte Supervisionen interne und regionale Intervisonsgruppen organisiert werden. Intervisionen sind eine Form kollegialer Beratung nach dem Prinzip der Supervision. Durch diese Ermöglichung des kollegialen Austausches können Führungskräfte weiter ihre Professionalität beleuchten und von den Synergieeffekten profitieren. Diese Variante generiert nicht nur wegen eines geringeren Kostenaufwandes, sondern vor allem wegen der Kompetenzerweiterung bei den teilnehmenden Führungskräften einen Win-win-Effekt. Führungskräfte können einen gemeinsamen Sinn entlang der Unternehmensstrategie entwickeln und erleben durch diese Wertschöpfung eine starke Identifikation mit dem Unternehmen.

Diese drei Maßnahmen oder Methoden sind eine Investition in das vorhandene, menschliche Potenzial, die sich positiv auf die Nachfolgeplanung auswirkt. MitarbeiterInnen erleben dadurch, dass sie als Fach- und Füh-

---

[43] Vgl.: Arnold, R. (2013): Kollegiale Beratung und Supervision. Studienbrief SB – 0620 des Master-Fernstudiengangs Systemische Beratung der TU Kaiserslautern. 1. Auflage. Unveröffentlichtes Manuskript. Kaiserslautern. S. 35

[44] DGSF e. V. (2008): Besser mit System. Systemische Supervision. Köln. S. 6

rungskräfte geschätzt und mit ihrer Fachexpertise als auch mit ihrer Persönlichkeit als wertvoll angesehen werden. Dieses Erleben verbindet MitarbeiterInnen mit ihrem Unternehmen und steigert zugleich die Motivation. Ein Mehrwert ist die positive Wirkung auf die Gewinnung von Frauen für Führungspositionen. Denn Unternehmen, die diese Möglichkeiten allen Führungskräften zur Verfügung stellen, zeigen, dass sie eine gendersensible Personalentwicklung leben möchten. Dies spricht qualifizierte Fachkräfte an und kann weiter auch dazu beitragen, dass der Wiedereintritt nach einer Elternzeit deutlich früher geplant wird, als ohne erkennbare Entwicklungschancen.

5 Was erwarten die zukünftigen Führungskräfte von Unternehmen?

Die „neue" Generation hoch qualifizierter Fach- und Führungskräfte ist die erste Generation, die mit dem Internet aufgewachsen ist und dadurch in Multitasking sowie in synchroner und asynchroner Kommunikation via Neue Medien gewohnt und geübt ist. Sie sind selbstbewusst und partnerschaftlich erzogen und wurden seit frühester Kindheit motiviert, ihre Meinung zu sagen und dafür einzustehen. Weiter sind sie bereits seit dem Kleinkindalter in unterschiedlichsten Gruppen (Babyschwimmen, Tagespflege, Kindertageseinrichtung, etc.) unterwegs und wissen daher, wie Gruppen funktionieren. Darüber hinaus wurden sie schon als Kinder dazu ermutigt, ihre Freizeit wertzuschätzen und den eigenen Träumen und Wünschen zu folgen und dennoch schulische Leistungen zu erbringen, um herausragende Chancen auf dem Arbeitsmarkt zu haben.

Durch die Nutzung des Internets haben sie gelernt, dass die Zusammenarbeit von Vielen Unglaubliches leisten kann und Beiträge eines Jeden zu allen Themen gleichberechtigt eingebracht werden können. Hierarchisches Denken hat hier keinen Platz.

Diese neue Generation möchte selbstbestimmt arbeiten und leben und das bedeutet, dass Arbeit und Freizeit zusammen gedacht werden müssen. Sie möchten wissen, warum sie etwas tun, und dies möglichst eigenverantwortlich gestalten können. Unternehmen, denen es gelingt, diesen gemeinsamen Sinn zu generieren und Work-Life-Balance in ihre Unternehmensphilosophie zu integrieren, haben hier die größten Wettbewerbsvorteile. Nicht zu übersehen ist natürlich, dass der Drang nach Selbstverwirklichung und Selbstbestimmung der MitarbeiterInnen auch mit den Unternehmenszielen vereinbart werden muss. Parment weist darauf hin, dass es hier Grenzen gibt, und zeigt die Rahmenbedingungen für eine gelingende Personalpolitik auf:

„Während Selbstverwirklichung ein sehr wichtiges Lebenskriterium für die Generation Y ist, ist dieser Aspekt für den Arbeitgeber in erster Linie von

Vorteil, solange die Möglichkeiten zur Selbstverwirklichung [die MitarbeiterInnen] inspirieren und zur Effizienz im Unternehmen beitragen."[45]

Darüber hinaus sind sie mit den sogenannten Neuen Medien aufgewachsen und haben daher einen ebenso hohen Anspruch an die technische Ausstattung ihres Arbeitsplatzes, die flexible Gestaltung ihrer Arbeitszeit sowie an die Mobilität ihres Büros. Sie haben kein Verständnis dafür, dass man während der Arbeitszeit keine privaten Mails verschicken kann, wenn sie selbst dazu bereit sind, am Wochenende auf dienstliche Mails zu reagieren. Weiter sehen sie starre Arbeitszeiten als wenig erfolgversprechend. Denn sie sind durchaus bereit, den Laptop am Abend und/oder am Wochenende hochzufahren, wenn sie dafür ihre Arbeitszeit flexibel und eigenverantwortlich gestalten können. Dies zeigt, dass MitarbeiterInnen dieser Generation überaus leistungsbereit sind und genau wissen, was sie wollen und was sie nicht wollen.

5.1 FAMILIENFREUNDLICHKEIT UND FLEXIBLE ARBEITSZEITGESTALTUNG

Die Forderungen nach Familienfreundlichkeit und flexibler Arbeitszeitgestaltung sind längst nicht mehr (und vielleicht waren sie es auch noch nie) reine „Frauenthemen". Möchten Unternehmen den Frauenanteil erhöhen und insbesondere mehr Frauen für die Führung gewinnen, ist es wichtig, gute Rahmenbedingungen und Voraussetzungen für den Arbeitsalltag zu schaffen, um die Zielgruppe hoch qualifizierter Frauen anzusprechen und für das Unternehmen zu interessieren. Der Mehrwert solcher Veränderungen ist, dass das Unternehmen auch von außen als familienfreundlich und so als attraktive/r ArbeitgeberIn wahrgenommen wird und den bereits gewonnen MitarbeiterInnen die Entscheidung für die Rückkehr ins und den Verbleib im Unternehmen erleichtert.

„Ein familienbewusstes Unternehmen wird eine aktive Gestaltung der Elternzeit vorantreiben, Unterstützung bei der Kinder- und Notfallbetreuung und bei der Pflege von Angehörigen oder Home Office-Angebote vorhalten. Ziel einer aktiven Gestaltung der Elternzeit ist es, die Rückkehrbereitschaft

---

[45] Parment, A. (2013): Die Generation Y. Mitarbeiter der Zukunft motivieren, integrieren, führen. 2. Aufl. Wiesbaden. S. 55

Ihrer Beschäftigten zu erhöhen und einen möglichst reibungslosen Wiedereinstieg zu gewährleisten."[46]

Die folgenden Maßnahmen und Rahmenbedingungen sind ein Auszug an Möglichkeiten zur Gestaltung eines familienfreundlichen und gendersensiblen Arbeitsumfeldes. Denn wie bereits erwähnt sind Maßnahmen zur Steigerung der Familienfreundlichkeit wie auch der Work-Life-Balance geschlechtsneutral und im Hinblick auf die neuen ArbeitnehmerInnen der Generation Y, Digital Natives, Millennials (oder wie auch immer man diese Zielgruppe junger Menschen bezeichnen möchte) bereits eine klare Forderung an potenzielle Arbeitgeber.

5.1.1 Vereinbarkeit von Familie und Beruf

Bei der Vereinbarung von Familie und Beruf, wie für den Wiedereinstieg nach der Elternzeit oder der Pflege eines Angehörigen, gibt es unterschiedliche Möglichkeiten aufseiten der Unternehmen, die eigene Attraktivität für MitarbeiterInnen (und insbesondere für MitarbeiterInnen in Führungspositionen) zu stärken und zu steigern. So haben Arbeitszeitmodelle, bei denen die MitarbeiterInnen die Öffnungs- und Schließzeiten/Ferienzeiten der Kindertagesbetreuungseinrichtungen (Kita, Krippe, Hort, Tagesmütter/ Tagesväter) und Schulen berücksichtigen und durch die sie ihre Arbeitszeit entsprechend anpassen können, eine hohe Anziehungskraft auf Fach- und Führungskräfte. Denn auch wenn viele Unternehmen bereits wichtige Schritte in diese Richtung unternommen haben, für MitarbeiterInnen in Führungspositionen ist diese Entwicklung meist noch nicht spürbar. Außerberufliche Aufgaben führen häufig zu Karrierebrüchen.

Das Projekt[47] „Unternehmenskulturen verändern – Karrierebrüche vermeiden" des Fraunhofer-Instituts, das durch das Bundesministerium für Familien, Senioren, Frauen und Jugend gefördert wurde, ergab u. a. folgende Ergebnisse:

„Führungspositionen gelten als kaum mit anderen Pflichten vereinbar. Da Frauen häufiger Fürsorgeverpflichtungen übernehmen als Männer, sind sie von den negativen Konsequenzen stärker betroffen. Aufgabe ist das eindimensionale Bild der immer verfügbaren Führungskraft aufzubrechen und

---

[46] BMWi (2013): Fachkräfte binden. Karrierepotenziale von Frauen als Erfolgsfaktor im Unternehmen nutzen. Berlin. S. 7
[47] Die Analyse des Projektes wurde als qualitative Studie angelegt.

Führungspositionen so zu gestalten, dass Flexibilitätsspielräume geschaffen und eine nachhaltige Work-Life-Balance erreicht werden kann."[48]

Eine weitere Möglichkeit, Fach- und Führungskräfte zu binden, sind Qualifizierungsmaßnahmen und das Kontakthalten während der Elternzeit. Interessant für beide Seiten, denn diese wertvollen Angebote generieren einen Win-win-Effekt. Für Unternehmen sind es Maßnahmen zur Mitarbeiterbindung, für MitarbeiterInnen sind es Chancen auf eine Karriere mit Familie. Denn der häufig mit der Elternzeit einhergehende Karrierebruch, von dem fast ausschließlich Frauen betroffen sind, kann durch diese Angebote abgeschwächt oder sogar gänzlich verhindert werden. Wichtig ist hierbei, dass man schon vor der Elternzeit mit den betreffenden MitarbeiterInnen in Kontakt tritt, um in der Kommunikation die Möglichkeiten und Grenzen sowie die Bereitschaft dieser Form des „Kontakthaltens" erörtert. Die Ausgestaltung kann vielfältig sein. Von der Teilnahme an einzelnen Weiterbildungstagen, die Übernahme von projektbezogenen Aufgaben, die Unterstützung neuer MitarbeiterInnen bei der Einarbeitung, das Schreiben von Essays / Gutachten / Stellungnahmen / Rezensionen o. Ä. sowie das Einbinden zu verschiedenen Projektphasen aufgrund einer besonderen fachlichen Expertise. Auf MitarbeiterInnen hat dies eine überaus positive Wirkung (sofern sie sich nach der Elternzeit nicht grundsätzlich umorientieren möchten), sodass die Elternzeit meist kürzer ausfällt, sie mit hoher Motivation wieder einsteigen und die Entwicklungen des Unternehmens (trotz Abwesenheit) immer auch im direkten Austausch und der aktiven Mitarbeit erleben konnten.

Auch wenn das Bereitstellen dieser Rahmenbedingungen für die Unternehmen mit Kosten verbunden ist, sind aber auch die Nutzen beachtlich und nicht von der Hand zu weisen, wie Abbildung 7 belegt.

Die Häufigkeit und Ausgestaltung der Maßnahmen sollten je nach Bedarf und Anforderungen umgesetzt und eingesetzt werden können. So sollte es die Möglichkeiten geben, neben stunden- und/oder tageweiser Anwesenheit auch Onlineportale und webbasierte Lern- und Arbeitsmöglichkeiten zu nutzen. Dies hat den Vorteil, dass MitarbeiterInnen nicht den Kontakt zum Unternehmen verlieren und dennoch möglichst große Flexibilitätsspielräume genießen können und Unternehmen können die Weiterbil-

---

[48] Kaiser, S. et al. (2012): Unternehmenskulturen verändern – Karrierebrüche vermeiden. Fraunhofer-Gesellschaft. Stuttgart. S. 9

dung und Einbindung der MitarbeiterInnen auch unabhängig von Bürozeiten maßgeblich mitgestalten.

Kosten	Nutzen
→ Ggf. höherer Planungsaufwand des Personaleinsatzes	→ Erhöhung der Rückkehrquote aus der Elternzeit
→ Ggf. größerer Verwaltungsaufwand	→ Ggf. Verkürzung der Elternzeit
→ Zeitaufwand für die Durchführung von Mitarbeitergesprächen vor und während der Elternzeit	→ Erhalt der Beschäftigungsfähigkeit
→ Ggf. Zeitaufwand für die Patin/den Paten	→ Reduzierung der Überbrückungs- und Personal(wieder)beschaffungskosten
→ Ggf. Gebühren und Kosten für die Teilnahme an Weiterbildungsveranstaltungen (i. d. R. nur vorgezogene, nach einer Rückkehr anfallende Fortbildungskosten)	→ Geringere Wiedereingliederungskosten
→ Ggf. Versandkosten für Informationsmaterial und/oder Einladungen/ persönliche Briefe	

Abb. 7: Kosten-Nutzen-Tabelle zu Kontakthalten während der Elternzeit von MitarbeiterInnen (Quelle: eigene Darstellung in Anlehnung an BMWi 2012[49])

Eine weitere Maßnahme zur besseren Vereinbarkeit von Familie und Beruf sind Unterstützungen und/oder finanzielle Zuschüsse zur Kinderbetreuung. Für größere Unternehmen besteht die Möglichkeit, eine eigene Betriebskindertagesstätte zu gründen oder auch in Kooperation mit anderen Unternehmen (meist ein Verbund von kleineren Unternehmen) eine gemeinsame Einrichtung in Betrieb zu nehmen. Auch Belegplätze und/oder Back-Up-Plätze (für Notsituationen oder Betreuungsengpässe) in umliegenden Ein-

---

[49] BMWi (2012): Fachkräfte sichern – Vereinbarkeit von Familie und Beruf. München. S. 6

richtungen für die Kinder der eigenen MitarbeiterInnen zu buchen, ist eine gangbare Unterstützung. Weiter besteht die Möglichkeit, mit Tagespflegepersonen zu kooperieren oder aber auch eine Tagespflegemutter/einen Tagespflegevater fest einzustellen.

Durch den Rechtsanspruch[50] auf Reduzierung der Arbeitszeit bzw. Freistellung, der seit dem 1. Januar 2015 in Kraft getreten ist, haben ArbeitnehmerInnen die Möglichkeit, die Pflege eines Angehörigen zu übernehmen ohne ihren Arbeitsplatz aufgeben zu müssen. Dieser Rechtsanspruch ist eine wichtige Errungenschaft insbesondere für Frauen, denn statistisch wird die Pflege eines Angehörigen in den meisten Fällen von Frauen übernommen und diese haben dann, je nach erforderlicher Pflegeintensität, ihre Erwerbsbiografie unterbrochen bzw. unterbrechen müssen.

Damit MitarbeiterInnen von diesem Rechtsanspruch jedoch Gebrauch machen, bedarf es einer grundsätzlichen positiven Haltung des Unternehmens. Nur wenn MitarbeiterInnen sicher sind, dass ihre Vorgesetzten von den Maßnahmen zur Vereinbarkeit von Familien und Beruf überzeugt sind, können MitarbeiterInnen diese auch annehmen. Für Unternehmen hat dieser Anspruch den Nutzen, dass MitarbeiterInnen nicht vollständig ausfallen oder sogar ganz aus dem Unternehmen aussteigen. Dies sorgt für den Erhalt der bereits gewonnen Fach- und Führungskräfte und beeinflusst die Mitarbeiterbindung positiv und spart, nicht zuletzt, Rekrutierungskosten.

5.1.2 Telearbeit und Home Office

Die Möglichkeiten zur Telearbeit und insbesondere der Arbeit im Home Office bieten MitarbeiterInnen und Unternehmen vielfältige Chancen. Aufseiten der MitarbeiterInnen sind Flexibilität und Mobilität des Arbeitsplatzes Errungenschaften, die die Vereinbarkeit von Familie und Beruf, die Ermöglichung einer Work-Life-Balance, sowie das Gestalten flexibler Arbeitszeitgestaltung fördern und positiv beeinflussen können. Aufseiten der Unternehmen ermöglicht die Telearbeit eine schnellere und prozessorientiertere Arbeitsweise unabhängig von Ort und Zeit sowie der Anwesenheit von MitarbeiterInnen, da alle Beteiligten ihren Fokus auf den betreffenden Arbeitsprozess legen können. Sie arbeiten ungestört und nach dem eigenen

---

[50] Vgl.:http://www.bmg.bund.de/themen/pflege/hilfen-fuer-angehoerige/reduzierung-der-arbeitszeit-bzw-freistellung.html

Rhythmus und wegfallende Fahrtzeiten, gerade im Home Office, zeitlich effizienter.[51]

Wichtig ist jedoch, dass klare und transparente Vereinbarungen existieren, die genau definieren für welche Tätigkeiten und in welchem Umfang Telearbeit genutzt werden kann. Dazu gehört auch, dass MitarbeiterInnen über entsprechendes technologisches Equipment verfügen, als auch Schulungen zur sach- und kulturgerechten Nutzung der Medien und dem verantwortungsbewussten Umgang damit erhalten.

Die Selbststeuerungskompetenzen der MitarbeiterInnen sowie die Vorbildfunktion von Führungskräften sind hier ebenso Gelingensfaktoren wie die Funktionalität der eingesetzten technischen/technologischen Mittel. Es bedarf eines vertrauensvollen Umgangs im Unternehmen, da die Kontrollmöglichkeiten begrenzt sind. Es besteht immer die Möglichkeit, dass MitarbeiterInnen nicht arbeiten, wenn sie sich im Home Office befinden oder aber weit über die wöchentliche Arbeitszeit hinaus arbeiten, ob notwendig oder nicht. Führungskräfte stehen hier vor einer Herausforderung und Unternehmen vor einem Umdenken, denn in den meisten Unternehmen herrscht immer noch eine Präsenzkultur. Henn formuliert die hemmenden Begleiterscheinungen dieser Kultur für die Karrierechancen von Frauen folgendermaßen:

> „Personen, die neben ihrer Berufstätigkeit auch andere Aufgaben und Interessen nachkommen müssen, sind in der Regel in der Lage, den Arbeitsumfang einer Vollzeitstelle auszufüllen, jedoch ohne Bindung an einen betrieblichen Arbeitsplatz, sondern nur in Kombination mit einem Telearbeitsplatz. Da vor allem Frauen mit privaten Aufgaben (Kindererziehung, Betreuung von pflegebedürftigen Familienangehörigen etc.) betraut sind, ermöglicht eine familienorientierte Personalpolitik und Firmenkultur zwar die Vereinbarkeit von Familie und Beruf, aber noch lange nicht eine Karriere und den Aufstieg ins Management."[52]

Für Unternehmen die mehr Frauen für die Führung gewinnen wollen, bietet die Ermöglichung von Telearbeit, auch wenn sie lediglich auf das Home

---

[51] Flüter-Hoffmann, C. (2012): Erfolgsgeschichte Telearbeit – Arbeitsmodell der Zukunft. In: Bandura, B. (et al.): Fehlzeitenreport 2012. Gesundheit in der flexiblen Arbeitswelt: Chancen nutzen – Risiken minimieren. Heidelberg. S. 71–77

[52] Henn, M. (2008): Die Kunst des Aufstiegs – Was Frauen in Führungspositionen kennzeichnet. Frankfurt. S. 76

Office begrenzt sein sollte, eine wertvolle Maßnahme. Durch diese Möglichkeiten können Frauen (und auch Männer) ihren familiären Verpflichtungen (sofern diese vorhanden sind) gerecht werden, ohne sich zwischen Familie und Beruf entscheiden zu müssen. Sie können so die Arbeit unterbrechen und am Abend noch ein paar Stunden weiter arbeiten oder aber auch direkt von zuhause arbeiten. Dies reduziert die Fehlzeiten in Unternehmen und erhöht die Zufriedenheit der MitarbeiterInnen.

Betrachtet man nun noch die Anforderungen, die die neue Generation der MitarbeiterInnen an Unternehmen stellen, ist dieser Anspruch an Flexibilität bereits als geschlechterneutral einzustufen.

Der Vollständigkeit halber muss an dieser Stelle auf die Berücksichtigung und Einhaltung des Datenschutzes hingewiesen werden. Hierzu hat der Bundesbeauftragte für Datenschutz und Informationsfreiheit einen Wegweiser zum Thema Telearbeit und Datenschutz herausgegeben, dem bei Bedarf weitere Informationen entnommen werden können.[53]

5.1.3 Führung 2.0 – Führen auf Distanz

Um Teams auf Distanz erfolgreich führen zu können, muss man sich der damit verbundenen Veränderung der Kommunikation und Interaktion bewusst sein.

Die gewohnte Bürokommunikation, inklusive des berühmten „Flurfunks", findet kaum oder sogar überhaupt nicht mehr statt, je nachdem wie stark die Arbeit außerhalb des Büros im Unternehmen und speziell im zu führenden Team ausgeprägt ist. Daher bedarf die erfolgreiche Zusammenarbeit einer besonderen Planung und Nutzung von Kommunikationsmedien. Bei der Nutzung von Kommunikationsmedien ist auch eine Vereinbarung über Erreichbarkeitsfenster und Reaktionszeiten ein wertvolles Führungsinstrument. Dadurch werden Erwartungen transparent und es nimmt MitarbeiterInnen den Druck, dass sie aufgrund dieser virtuellen Zusammenarbeit immer und überall erreichbar sein müssen. Das Achten auf Work-Life-Balance ist an dieser Stelle ein Gelingensfaktor für die erfolgreiche Zusammenarbeit.

Wichtig ist auch, dass nicht die Menge der genutzten Medien und Mittel den Erfolg ausmacht, sondern die viable Auswahl. Weniger kann an dieser

---

[53] http://www.bfdi.bund.de/SharedDocs/Publikationen/Faltblaetter/Telearbeit.pdf?__blob=publicationFile, zuletzt zugegriffen am 15.03.2015

Stelle mehr sein, denn die Kommunikationsmedien müssen den Anforderungen des Arbeitsprozesses gerecht werden und nicht immer dem aktuellen Trend entsprechen. Eine regelmäßige Überprüfung der genutzten Medien auf Anwenderfreundlichkeit und Praktikabilität versteht sich jedoch von selbst. Einen Überblick der wichtigsten Kommunikationsmedien für die Zusammenarbeit auf Distanz gibt Abbildung 8.

Medien/Funktion	Was sich dahinter verbirgt
Outliner	Textbasierte Sammlung von Ideen u. Ä. (sortierbar)
Projekt-Manager	Unterstützt Projektmanagement und vereint dafür oft mehrere einzelne Werkzeuge wie Aktivitätsplanung, Abrechnung, Ressourcenüberwachung oder Terminierung in einer Anwendung
SMS	Short Message Service, eigentlich ein Übertragungskanal für Service-Mitteilungen in Mobilfunknetzen, der heute vielfältig genutzt wird für diverse Anwendungen im Mobilfunknetz.
Social Tagging	(Tag = Etikett) Gezieltes Verschlagworten/Verlinken von Inhalten durch die NutzerInnen in Wikis, Blogs oder Microblogs. Dadurch können Dokumente sortiert oder gefiltert oder NutzerInnen entsprechend ihrer Schwerpunktthemen in Verbindung gebracht werden. Die Schlagworte werden mitunter in einer „Tag Cloud" (Schlagwort-Wolke) dargestellt, in der unterschiedliche Schriftgrößen auf die Häufigkeit der Vergabe dieses Schlagworts (und damit der zugehörigen Dokumente) verweisen.
Telefonkonferenz	(mehr als zwei) zusammengeschaltete Telefone. Tools, die das unterstützen, bieten oft Zusatzfunktionen wie Einladung an die GesprächsteilnehmerInnen oder Protokoll.
Text-Chat	„Unterhaltung" mittels geschriebenem Text
Terminfinder	Webtool zur Abfrage von Terminen, dient der Terminkoordination (z. B. Doodle).
Video-Konferenz	Bild-Ton-Konferenz in hoher Auflösung als spezialisierte Anwendung (gerade für Videokonferenzen zwischen Gruppen) oder über IP mittels Webcam und PC („Video-Chat").
Voice-Chat/VoIP	Voice over Internet Protocol. Synchrone Stimmübertragung über das Internetprotokoll („Telefon per Internet").
Voice-Mail	Übersenden von Sprachnachrichten als Audio-File im Anhang von Mails, wird auch als Anrufbeantworterfunktion bei VoIP verwendet.

Whiteboard (shared)	Für mehrere Personen zugängliches Werkzeug (meist webbasiert) mit Text, Zeichen- und Grafikfunktionen; also elektronische Tafel, elektronisches Flip-Chart
Widgets	Kleine, unselbstständige Desktop- oder Website-Elemente, die die Anzeige oder Einbindung von Informationen oder Funktionen aus anderen Anwendungen ermöglichen (z.b. Reiseinfos, Kalendereinträge oder Einträge aus Social-Web-Anwendungen.
Wiki	Hypertextbasiertes System zur (kollektiven) Erstellung von Inhalten für Webseiten. Meist als Synonym gebraucht für das Ergebnis, also umfangreiche Stoffsammlung oder Lexikoneinträge, die in einem mehr oder weniger verteilten und dialogischen Prozess das Wissen der Beteiligten abbilden. Im Rahmen von Enterprise 2.0 für Wissensmanagement genutzt oder für Skill-Informationen/ Profileinträge von UnternehmensmitarbeiterInnen, manchmal erweitert um Kundenprojektdarstellungen.
Workflow	Automatisierter und teilautomatisierter Ablauf von Aktivitäten; elektronische Vorgangssteuerung.

Abb. 8: Die wichtigsten neuen Kommunikationsmedien und ihre Funktionen (Quelle: Herrmann, D. et al. 2011[54])

Weiter sind neben der Nutzung geeigneter Kommunikationsmedien auch regelmäßige und wiederkehrende „Face to face"-Treffen unerlässlich. Denn auch bei räumlich getrennten Teams sollte Teambildung aus einem Mix aus virtueller, direkter und persönlicher Zusammenarbeit bestehen.

Um möglichst viele Teammitglieder die Teilnahme an diesen Meetings zu ermöglichen und im Besonderen, wenn es sich um Besprechungen mit Anwesenheitspflicht handelt, müssen diese langfristig und verbindlich geplant werden. Weiter sollten das Erstellen und zeitnahe Verteilen von Protokollen Standard jeden Meetings sein, damit MitarbeiterInnen, die aus Gründen nicht teilnehmen konnten, ausreichend Information erhalten.

Bei Teams mit sehr unterschiedlichen An- und Abwesenheitszeiten sollte eine nicht diskriminierende Haltung gefordert und vereinbart werden. Mit dieser Vereinbarung kann man klären, wie mit MitarbeiterInnen umge-

---

[54] Herrmann, D. et al. (2011): Führung auf Distanz – Mit virtuellen Teams zum Erfolg. 2. Aufl. Wiesbaden. S. 55–56

gangen wird, die häufig räumlich abwesend sind. Ein Teil davon könnte z. B. sein, dass sich MitarbeiterInnen verantwortlich zeigen, den Informationsfluss aufrechtzuerhalten. So könnten sich Tandems von immer zwei KollegInnen bilden, die sich gegenseitig auf dem aktuellen Stand halten. Eine/r davon ist häufig anwesend, der/die andere häufig räumlich abwesend. Dies gibt nicht nur der Sicherung des Informationsflusses eine neue Qualität, sondern wirkt sich auch positiv auf Teambildungsprozesse und die Zusammenarbeit im Team aus.

Um geeignete Medien erfolgreich nutzen zu können, müssen MitarbeiterInnen wissen, in welcher Prozessphase sie sich befinden und welche Medienform hier die geeignete ist. Hierzu kann Abbildung 9 Aufschluss geben.

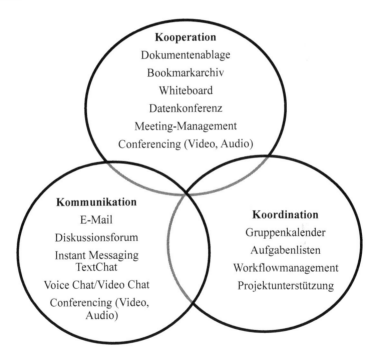

Abb. 9: Unterstützung der Zusammenarbeit durch jeweils geeignete Medien (Quelle: Herrmann, D. et al. 2011[55] (eigene Darstellung))

---

[55] Ebd. S. 57

Weiter sollte jedem Teammitglied ausreichend Wissen zum adäquaten Gebrauch von und für den Umgang mit Telemedien vermittelt werden, um Störungen und Ablenkungen im Vorfeld zu minimieren. So kann der Verlauf der Arbeitsprozesse für alle Beteiligten möglichst effizient gestaltet werden. Dazu gehört auch der sichere Gebrauch von Moderations- und Gesprächsführungstechniken. Diese sind nicht nur bei „Face to face"-Meetings wichtig, sondern ebenso bei der Nutzung von Kommunikationsmedien.

Bei der Teamgestaltung und erfolgreichen Zusammenarbeit kommt den Führungskräften eine besondere Rolle zu. Ihnen muss es gelingen, auch auf Distanz einen gemeinsamen Sinn zu generieren und die Zusammengehörigkeit zu fördern. Durch strukturierte Einarbeitungsprozesse, Beziehungsaufbau, erlebte Kollegialität und Verbindlichkeit kann aus einer physischen Distanz eine empfundene Nähe entstehen.

Für Führungskräfte ist dies zwar eine Herausforderung, im Umkehrschluss aber auch eine Ermöglichung, die eigenen Arbeitsprozesse neu zu denken. Denn wenn sich Teams auch erfolgreich, je nach Arbeits- / Prozessphase, auf Distanz führen lassen, bietet dies neben allen Herausforderungen und Anforderungen auch Chancen. Eine Führungskraft muss demnach nicht mehr ständig vor Ort sein, um ihre Führungsaufgabe erfolgreich zu erfüllen. Das eröffnet insbesondere Frauen neue Möglichkeiten zur Übernahme von Führungspositionen.

5.1.4 Geteilte Führung

Geteilte Führung ist ein Flexibilisierungsangebot auf Führungsebene, das nicht nur eine gendergerechte Personalpolitik befördert, sondern auch bereits seit über zehn Jahren durch das Teilzeit- und Befristungsgesetz (TzBfG)[56] eine gesetzliche Grundlage hat. Dennoch wird Teilzeitarbeit in Führungspositionen noch weitgehend als unmöglich erlebt und bleibt aufgrund der vorherrschenden Präsenzkultur in Unternehmen nahezu ungenutzt.

Dieses Vorherrschen von Führungsgestaltung in Vollzeit zeigt nach Boes und Lühr eine deutliche Benachteiligung von Frauen, denn „[d]a ein großer Teil der Frauen in Teilzeit arbeitet, sind diese praktisch im Voraus von jedem Karriereentwicklungsprozess ausgeschlossen, denn Führung in

---

[56] http://www.gesetze-im-internet.de/tzbfg/__1.html, zuletzt zugegriffen am 15.03.2015

Teilzeit gilt als schwierig."[57] Unternehmen, die sich einer gendersensiblen Personalentwicklung annehmen möchten, müssen an dieser Stelle ihre eigene Unternehmenskultur beleuchten, um für die Zukunft gerüstet zu sein. Denn im Hinblick auf die neue Generation hoch qualifizierter Führungskräfte sowie die Erhöhung des Frauenanteils in Führungspositionen ist hier ein Umdenken erforderlich. Denn der Wunsch nach Teilzeit ist nicht länger ein reines Frauenthema und bedeutet auch nicht zwangsläufig eine Reduzierung der Arbeitszeit um 50 %, sondern kann auch bedeuten, dass Führungskräfte ihre Arbeitszeit auf 30 Stunden pro Woche reduzieren und dadurch weiterhin einen Stellenumfang von 70–80 % ausfüllen. Die offenen 20–30 % des Stellenumfanges können dann entweder durch die Delegation von Aufgaben an MitarbeiterInnen und die Verdichtung von Arbeitsprozessen gefüllt werden oder durch die Teilung der betreffenden Stelle auf zwei Führungskräfte entsprechend aufgefangen werden. Führungskräfte können so z. B. eine Vier-Tage-Woche für sich einführen oder aber kürzere Arbeitstage, einen Wechsel von Anwesenheit am Vormittag oder Nachmittag, um ihre Arbeitszeit mit ihrer Lebenssituation und ihrem Privatleben vereinbaren zu können. Eine transparente Kommunikation zu Erreichbarkeit und Zielen ist Voraussetzung. Die Option zur geteilten Führung bzw. Führung in Teilzeit ist somit ein Angebot zur Gestaltung der Work-Life-Balance und Familienfreundlichkeit und ein zielgerichteter Beitrag zur gendersensiblen Personalentwicklung.

Wichtig ist hierbei der hohe Anspruch an die in Teilzeit arbeitenden Führungskräfte. Denn um die Arbeitszeit wirklich reduzieren zu können und diese dann auch einzuhalten, bedarf es eines hohen Maßes an Selbststeuerungskompetenz und Organisationsfähigkeit. Bei einer geteilten Führungsposition muss darüber hinaus ein hohes Maß an Kommunikations- und Kooperationsfähigkeit vorhanden sein, um die Aufgabenverteilung, die Absprachen miteinander, die Erreichbarkeit als auch eine eventuelle gegenseitige Vertretung ausgehandelt und vereinbart werden. Auch wenn durch Teilzeitarbeit ein finanzieller Mehraufwand für Unternehmen entstehen kann, bietet Teilzeit als Flexibilisierungsangebot eine ebenso Vorteile für Unternehmen. Denn die Möglichkeit trotz des Wunsches nach mehr Flexibilität Karriere machen zu können, steigert nicht nur die Motivation der in

---

[57] Boes, A. et al. (2013): Karrierechancen von Frauen erfolgreich gestalten. Analysen, Strategien und Good Practices aus modernen Unternehmen. Wiesbaden. S. 215

Teilzeit arbeitenden Führungskräfte, sondern erhöht auch deren Produktivität. Durch Verdichtung und Delegation werden Abläufe komprimiert und dadurch in kürzerer Zeit erledigt, was sich in der Mitarbeiterzufriedenheit widerspiegelt. Zudem strahlt die Möglichkeit zur Teilzeit positiv auf die Mitarbeiterbindung. In Zeiten des Fach- und Führungskräftemangels kein unwesentlicher Faktor. Ein weiterer wichtiger Aspekt ist die Vorbildfunktion teilzeitbeschäftigter Führungskräfte. Sie spiegeln eine Unternehmenskultur, die Strukturen zur Work-Life-Balance, Familienfreundlichkeit und Gendersensibilität wertschätzt und aktiv lebt, nach innen und nach außen.[58]

Für Unternehmen, die mehr Frauen für Führungspositionen gewinnen möchten, ist diese Ermöglichung der geteilten Führung eine interessante Variante zur Beförderung des Gender Mainstreaming.

---

[58] Vgl.: WZB (2013): http://bibliothek.wzb.eu/wzbrief-arbeit/WZBriefArbeit152013_hipp_stuth.pdf zuletzt zugegriffen am 15.03.2015

6 Interne Evaluation der Maßnahmen

Stellen sich Unternehmen der politisch geforderten und demografisch und fachlich notwendigen Gewinnung von Frauen für Führungspositionen, ist eine interne Evaluation der zur Umsetzung genutzten Maßnahmen sinnvoll. Eine zielgerichtete Evaluation ist als ein Verfahren zum Sammeln von Information bei der Entscheidungsfindung über weitere Prozessschritte, Veränderungen, etc. hilfreich und generiert wertevolle Daten und Erkenntnisse.[59] Um eine valide Evaluation durchführen zu können, sollte ein ausreichend großer Betrachtungszeitraum ausgewählt werden, um kurzfristige von nachhaltigen Entwicklungen unterscheiden zu können.

Zur Evaluation sind Befragungen der MitarbeiterInnen und insbesondere der (hoffentlich) neu gewonnen Führungskräfte besonders aufschlussreich. Hier können sowohl Fragen nach der erlebten Funktionalität der einzelnen Maßnahmen gestellt werden, als auch Fragen nach den wichtigsten Kriterien die erfüllt sein und/oder werden müssen, damit die „Neu-Führungskräfte" in ihrer Führungsrolle bleiben. Eine Auswahl von möglichen Themen, die überprüft werden können, geben die halbstandardisierten Interviews der Studie zu Frauen in Führungspositionen von Monika Henn. Eine Fragenauswahl könnte danach wie folgt lauten:

- „Hat Ihre Firma Sie in Ihrem beruflichen Fortkommen unterstützt?
- Inwieweit unterstützt Sie die Firma, Privates und Berufliches zu vereinen?
- Sind Sie mit Ihrer Work-Life-Balance zufrieden?
- Was motiviert Sie, Führungskraft zu sein? / Was motiviert Sie, Ihre Funktion auszuüben?
- Was empfehlen Sie Frauen, die Führungspositionen erreichen wollen?

---

[59] Vgl.: Meyer, W. (2013): Evaluation und Qualitätssicherung. Studienbrief SB – 610 des Master-Fernstudiengangs Systemische Beratung der TU Kaiserslautern. 1. Auflage. Unveröffentlichtes Manuskript. Kaiserslautern. S. 63

- Welche Problematik begegnet einer Frau in einer Führungsposition, die einem Mann nicht begegnet?
- Welche Problematik begegnet einem Mann in einer Führungsposition, die einer Frau nicht begegnet?
- Gibt es in Ihrem Unternehmen eine explizit formulierte Vision?
- Was möchten Sie sonst noch sagen im Zusammenhang mit dem Thema ‚Frauen und Führung'?"[60]

Mit Hilfe einer internen Evaluation gilt es herauszufinden, was systemisch funktioniert hat und wie die Zukunft aussehen soll. An welcher Stelle im Prozess muss eventuell nachgebessert werden und wo sind bereits Erfolge oder positive Veränderungen zu verbuchen? Um aussagekräftige, verwertbare Daten und Informationen generieren zu können, sind die Planung der Evaluation und die Auswahl viabler Methoden eine unerlässliche Vorarbeit:

Ein genereller Ablauf von Evaluation, von der Planung über die Durchführung bis zur Verwertung, kann Abbildung 10 exemplarisch entnommen werden und ist sicherlich bereits Teil der beschriebenen Prozesse in den Qualitätsmanagementsystemen der Unternehmen.

Um Kosten zu minimieren und die Akzeptanz einer Evaluation zu diesem sensiblen Thema zu erhöhen, ist die Planung und Durchführung durch interne Evaluatoren empfehlenswert. So könnten am Prozess beteiligte MitarbeiterInnen der Personalabteilung (z. B. QM-Beauftragte/r) diese wertvolle Aufgabe übernehmen. Aufgrund der Kenntnisse über die Maßnahmen, die Zielgruppe als auch die MitarbeiterInnen ist dadurch eine Zeit und kostensparende Evaluation möglich. Wichtig bei der Planung und Durchführung von Evaluationen ist, die beteiligten MitarbeiterInnen frühzeitig, transparent und umfassend zu informieren und in den Prozessverlauf von Beginn an einzubinden.

---

[60] Henn, M. (2008): Die Kunst des Aufstiegs – Was Frauen in Führungspositionen kennzeichnet. Frankfurt. S. 101–102

Phase	Aufgabe	Arbeitsschritte
Planung	Bestimmung und Eingrenzung des Evaluationsvorhabens	Festlegung des Evaluationsgegenstands
		Festlegung der Evaluationsziele und zentralen Fragestellungen
		Festlegung der Durchführungsart: intern oder extern
		Identifizierung und Einbeziehung der Stakeholder
		Festlegung der Bewertungskriterien
		Prüfung der Ressourcenausstattung
	Entwicklung der Evaluationskonzeption und Ablaufplanung	Beschreibung des Evaluationsvorhabens
		Entwicklung des Untersuchungsdesigns
		Auswahl der Datenerhebungsmethoden
		Erstellen des Evaluationsablaufplans
		Erstellung eines Zeit-, Personal- und Budgetplans
Durchführung	Instrumentenentwicklung	Entwicklung eines Evaluationsleitfadens
		Erstellung eines Erhebungsplans
		Entwicklung der Erhebungsinstrumente und Pretest
	Datenerhebung, -strukturierung, -auswertung	Festlegen der Untersuchungspopulation
		Durchführung der Datenerhebung
		Analyse der Daten
		Bewertung der Ergebnisse und Ableitung von Empfehlungen
Verwertung	Präsentation und Nutzung der Ergebnisse und Empfehlungen	Verfassen eines Evaluationsberichts
		Präsentation der Ergebnisse und Empfehlungen
		Unterstützung bei Abfassung der Managementresponse und Umsetzungsmonitoring

Abb. 10: Allgemeiner Ablaufplan von Evaluation (Quelle: Meyer 2013[61])

---

[61] Ebd. S. 92

Meyer beschreibt die betreffenden Personengruppen wie folgt:

- ✓ „Die unmittelbar für die Steuerung des Prozesses verantwortliche Person (operative Einheiten)
- ✓ Die direkt am Prozess beteiligten oder von diesem voraussichtlich betroffenen Personen (Stakeholder)
- ✓ Die für die Gestaltung und Durchführung des Monitoring- und Evaluationssystems verantwortliche Person (Evaluatoren)"[62]

Durch dieses frühzeitige Einbinden dieser Personengruppen werden die interne Kommunikation und gendersensible Haltung erneut verstärkt. MitarbeiterInnen erleben durch diese strukturelle Verankerung der Maßnahmen, dass das Thema „Frauen für die Führung gewinnen" einen ernsthaften und wichtigen Stellenwert hat, und da alle Maßnahmen evaluiert werden, und viele davon sind genderunabhängig, erfahren auch die Männer in den Unternehmen, dass ihre Anliegen ernst genommen werden. Das erforderliche und erwartete Umdenken innerhalb der Unternehmen kann dadurch positiv beeinflusst werden und mögliche Stolpersteine können zeitnah und mit geringem Aufwand aus dem Weg geräumt werden.

---

[62] Ebd. S. 74–75

7 Fazit

Gendersensible Personalentwicklung unter besonderer Berücksichtigung der Gewinnung von Frauen für Führungspositionen ist rückblickend von vielfältigen Faktoren abhängig. Rechtlich betrachtet bildet das Gesetz zur gleichberechtigten Teilhabe von Männern und Frauen in Führungspositionen die Grundlage für Unternehmen, zudem zeigt es die Notwendigkeit auf, dass Unternehmen ihre Personalpolitik grundlegend überdenken müssen. Auch die erforderlichen Kompetenzen und Erwartungen von und an Führungskräfte der jeweiligen Führungsebene rechtfertigen eine Ungleichbehandlung von Männern und Frauen nicht. Demzufolge gilt es, die Unternehmenskultur sowie die internen Entwicklungsprozesse von Führungskräften genauer zu betrachten. Unter systemtheoretischen Gesichtspunkten ist ein wesentlicher Aspekt die Implementierung einer offenen und wertschätzenden Haltung, um die Unternehmenskultur dahingehend zu verändern, dass Führungskräfte bei ihrer Karriereplanung unabhängig von ihrer Geschlechterzugehörigkeit gleichermaßen gefördert werden. Darüber hinaus ist die systemische Sichtweise in Bezug auf Coaching und Beratung ein wesentlicher Baustein der Führungskräfteentwicklung. Unternehmen sind darauf angewiesen, dass Führungskräfte Denk- und Handlungsmuster entwickeln, die ihnen ermöglichen, mit den komplexen Anforderungen einer immer schnelllebiger und globaler werdenden Wirklichkeit umzugehen. Der systemische Ansatz bietet hierzu nicht nur wertvolle Methoden und Denkanstöße, sondern ist mit seinem Verständnis von Haltung und Reflexion am Puls der Zeit.

Weiter müssen Unternehmen reflektieren, ob interne Strukturen und Rahmenbedingungen die Bedarfe und Lebensentwürfe von Frauen UND Männern berücksichtigen und nicht aufgrund vorherrschender und altbewährter Vorgehensweisen MitarbeiterInnen ausschließen.

Die Veränderungen der Märkte, die immer komplexer werdende Umwelt von Unternehmen und die politischen Forderungen verdeutlichen, dass die Human-Ressources-Abteilungen moderner Unternehmen eine zukunftsweisende Rolle spielen und an der Wettbewerbsfähigkeit der Unternehmen maßgeblich beteiligt sind. Der Fach- und Führungskräftemangel aufgrund des demografischen Wandels und die Tatsache, dass Frauen heute besser denn je ausgebildet sind, rückt eine neue Zielgruppe in den Mittelpunkt der Personalpolitik. Junge, hoch qualifizierte Frauen können einen wertvollen Beitrag zum Erfolg von Unternehmen leisten. Dieser kann sowohl unter mikro- als auch unter makroökonomischen Perspektiven belegt werden. Ein Umdenken der Unternehmen hinsichtlich ihrer Nachfolgeplanung generiert somit einen Win-win-Effekt für hoch qualifizierte, weibliche Führungskräfte UND Unternehmen.

Gendersensible Personalentwicklung ist somit ein Prozess, der alle Abteilungen und alle Ebenen von Unternehmen betrifft. Durch diese übergeordnete Stellung sind besonderes Feingefühl und Achtsamkeit erforderlich, da es sich um einen Changeprozess handelt, der neben Zustimmung auch Widerstand auslöst. Um diese Veränderung nachhaltig und zufriedenstellend umsetzen zu können, bedarf es einer bejahenden Kommunikation von der höchsten Führungsebene. Und nicht zuletzt ist so ein Prozess immer in rekursiven Schleifen zu verstehen, der immer wieder neu betrachtet, angepasst und optimiert werden muss.

Die hier dargestellten Möglichkeiten zur gendersensiblen Personalentwicklung können einen ersten Anstoß zur Neugestaltung der Nachfolgeplanung geben, einen Anspruch auf Vollständigkeit beinhalten sie jedoch keinesfalls. Denn Entwicklung ist nie abgeschlossen, und zudem sollten sich Unternehmen die Flexibilität bewahren, auf weitere äußere Einflüsse angemessen reagieren zu können, um wettbewerbs- und zukunftsfähig zu bleiben.

Glossar

Back-Up-Platz
Betriebliche Unterstützung zur Betreuung der Kinder der MitarbeiterInnen in einer kooperierenden Kindertagesbetreuungseinrichtung, bei akuten Not- und/oder Problemsituationen.

Belegplatz
Betriebsnahe Kinderbetreuung durch das Buchen von flexiblen Platzkontingenten durch das Unternehmen in einer kooperierenden Kindertagesbetreuungseinrichtung für die Kinder der MitarbeiterInnen.

Coaching
"Ist ein systematisches Beratungs- und Handlungskonzept, die Summe unterstützender Maßnahmen zur Entwicklung einer Führungskraft bzw. [MitarbeiterIn] in einem zielorientierten Beratungsprozess; Ziel: persönliche Entwicklung sowie die Verbesserung der Leistungsfähigkeit und Funktion des Systems; Anlässe: Umstrukturierungen, Konflikte, Nachbereitung von Führungskräftetrainings."[63]

Emergenz
Annahme, dass Systeme ihre Strukturen verändern und neu erzeugen können und das System sich so, auf der Basis dieser neuen Strukturen, weiter entwickelt.

Evaluation
Ein methodisches Sammeln, Bewerten und Analysieren von Daten, um den Nutzen und die Wirkung eines Prozesses, Training, etc. beurteilen zu können.

---

[63] Krämer-Stürzl, A. (2011): Aktuelle Entwicklungen in der Personalentwicklung. Studienbrief SB-1 C20 des Master-Fernstudiengangs Systemische Beratung der TU Kaiserslautern. 4. aktualisierte und überarbeitete Auflage. Unveröffentlichtes Manuskript. Kaiserslautern. S. V

Feedback
Methode, um Informationen, Ereignisse, Beobachtungen, etc. in das System zurückzuspiegeln.

360°-Feedback
Methode zur Erfassung von unterschiedlichen Perspektiven zur Einschätzung der Kompetenzen von MitarbeiterInnen. Ziel ist es, durch die gesammelten Informationen eine realistischere Beurteilung von Fach- und Führungskräften zu gewährleisten.

Gender-Mainstreaming
Internationaler Begriff für Geschlechtergerechtigkeit und bedeutet, dass bei allen gesellschaftlichen und politischen Vorhaben die unterschiedlichen Lebenssituationen und Interessen von Männern UND Frauen berücksichtigt werden.[64]

Gläserne Decke
„Unter diesem Begriff werden unausgesprochene Rollenzuschreibungen, Werte, Rituale und Normen zusammengefasst, die als unsichtbare Barriere verhindert, dass Frauen in hohe Führungsebenen, quasi durch die gläserne Decke hindurch, in hohe Führungspositionen aufsteigen. Das können bewusste, aber unausgesprochene Vorurteile gegenüber Frauen sein, aber auch unbewusste Einstellungen gegenüber den Fähigkeiten oder Karrieremöglichkeiten von Frauen."[65]

Intervention
„Interventionen sind bewusste und zielgerichtete Einwirkungen auf ein System. Sie können vom System selbst als Eigen-Intervention durchgeführt

---

[64] Vgl.: http://www.bmfsfj.de/BMFSFJ/gleichstellung,did=192702.html, zuletzt zugegriffen am 14.03.2015
[65] Haasen, N. (2001): Mentoring. Persönliche Karriereförderung als Erfolgskonzept. Wilhelm Heyne Verlag, München. S. 79 (http://www.nelehaasen.de/veroeffentlichungen.html)

werden; sie können aber auch von außen, von einem externen Intervenierenden mit Blick auf ein anderes System vorgenommen werden."[66]

Mentoring
Mentoring ist die Beratung und Unterstützung von unerfahreneren und meist jüngeren MitarbeiterInnen durch erfahrenere MitarbeiterInnen durch die Bildung von Lerntandems. Eine Wechselwirkung im Sinne eines dyadischen Voneinander-Lernens ist hier nicht nur möglich, sondern auch gewünscht.

Monitoring
Kontinuierliche Erfassung von Input-, Output-, und/oder Wirkungsdaten anhand ausgewählter Indikatoren.[67]

Partnerarbeit
Lernmethode bei der sich zwei MitarbeiterInnen gemeinsam und kooperativ in einen gemeinsamen Lernprozess begeben.

Peer Learning
Zusammenarbeit mit gleichrangigen MitarbeiterInnen mit dem Hintergrund durch zielgerichtete, partizipative Interaktion einen Mehrwert für alle Beteiligten zu generieren.

Rekursivität
„Rekursivität meint Rückbezüglichkeit. Da das Verhältnis von Systemelementen füreinander Ursache und Wirkung darstellt, wirken Veränderungen, die in einem System an einem Ort gemacht werden, auf diesen Ort zurück."[68]

---

[66] Willke, H. (2011): (Un)Möglichkeit der Intervention. Studienbrief SB – 0510 des Master-Fernstudiengangs Systemische Beratung der TU Kaiserslautern. 3. aktualisierte und überarbeitete Auflage. Unveröffentlichtes Manuskript. Kaiserslautern. S. V
[67] Meyer, W. (2013): Evaluation und Qualitätssicherung. Studienbrief SB – 0610 des Master-Fernstudiengangs Systemische Beratung der TU Kaiserslautern. 1. Auflage. Unveröffentlichtes Manuskript. Kaiserslautern. S. VIII
[68] Griese, Ch./Pataki, K. (2012): Vergleich mit anderen Beratungsansätzen. Studienbrief SB – 0220 des Master-Fernstudiengangs Systemische Beratung der TU Kaiserslautern. 1. Auflage. Unveröffentlichtes Manuskript. Kaiserslautern. S. VIII

Selbstreflexion
„bezeichnet die Fähigkeit, über die Angemessenheit eigener Deutungen, Interpretationen und Beurteilungen – kurz: ‚Gewissheiten' – in einer so grundlegenden Wiese nachzudenken, dass die eigenen Wahrnehmungsroutinen mehr und mehr ins Bewusstsein treten und der jeweilige Beobachter (z. B. die Führungskraft) die Verantwortung für seine Konstruktion der Wirklichkeit zu übernehmen vermag."[69]

Supervisanden
An einer Supervision beteiligte MitarbeiterInnen.

Supervision
„Supervision ist ursprünglich die Beratung helfender Berufe in ihrer und für ihre Alltagspraxis; generelles Ziel der Supervision ist die Verbesserung der professionellen Wirkung durch die gezielte Reflexion von typischen Erfahrungen in der Berufstätigkeit und Best Practices im Rahmen von Fallarbeiten. Supervision als Beratungsmethode hat im medizinischen Bereich (z. B. Pflegepersonal) und im psychosozialen Bereich (z. B. Sozialarbeiter) begonnen und hat sich heute auf viele Berufsgruppen – auch innerhalb von Organisationen – ausgeweitet, die gezielt an ihrer Professionalität arbeiten. Nachdem heute Führung zunehmend auch als eigene Profession verstanden wird, spricht man auch von Supervision für Führungsteams."[70]

Synergie
Zusammenwirken von Perspektiven, Kompetenzen und Erfahrungen in Systemen, zu einem gemeinsamen Nutzen und zur Kompetenzerweiterung (sowohl des/der Einzelnen als auch des gesamten Systems).

Viabel:
Passend und gangbar; funktional.

---

[69] Arnold, R. (2013): Systemische Führung: Studienbrief SB – 0530 des Master-Fernstudiengangs Systemische Beratung der TU Kaiserslautern. 1. Auflage. Unveröffentlichtes Manuskript. Kaiserslautern. S. VI
[70] Krizanits, J. (2012): Ablauf von Beratung. Studienbrief SB – 0210 des Master-Fernstudiengangs Systemische Beratung der TU Kaiserslautern. 1. Auflage. Unveröffentlichtes Manuskript. Kaiserslautern. S. XIV

Literaturverzeichnis

Achouri, C. (2011): Wenn Sie wollen, nennen Sie es Führung. Systemisches Management im 21. Jahrhundert. Hamburg. S. 13

Arnold, R. (2011): Personalentwicklung – Eine Grundlegung. Studienbrief SB – 1 C10 des Master-Fernstudiengangs Systemische Beratung der TU Kaiserslautern. 2. aktualisierte und überarbeitete Auflage. Unveröffentlichtes Manuskript. Kaiserslautern.

Arnold, R. (2013): Das Santiago-Prinzip. Systemische Führung im lernenden Unternehmen. 2. Band. 2. unveränderte Auflage. Baltmannsweiler.

Boes, A. et al. (2013): Karrierechancen von Frauen erfolgreich gestalten. Analysen, Strategien und Good Practices aus modernen Unternehmen. Wiesbaden.

BMWi (2012): Fachkräfte sichern – Vereinbarkeit von Familie und Beruf. München.

BMWi (2013): Fachkräfte binden. Karrierepotenziale von Frauen als Erfolgsfaktor im Unternehmen nutzen. Berlin.

BMFSFJ (2014): Gleichstellung – Strategie „Gender Mainstreaming". Berlin (siehe Internetquelle BMFSFJ)

BMFSFJ (2011): Frauen in Führungspositionen – Auswirkungen auf den Unternehmenserfolg. Berlin.

Charan, R./Dotter, S./Noel, J. (2011): Leadership Pipeline. How To Build The Leadership Powered Company. 2. Aufl. San Fransisco.

DGSF e. V. (2008): Besser mit System. Systemische Supervision. Köln.

Europäische Union (2012): Frauen in wirtschaftlichen Entscheidungsprozessen in der EU: Fortschrittsbericht. Eine Europa-2020-Initiative. Luxemburg.

Flüter-Hoffmann, C. (2012): Erfolgsgeschichte Telearbeit – Arbeitsmodell der Zukunft. In: Bandura, B. (et al.): Fehlzeitenreport 2012. Gesundheit in der flexiblen Arbeitswelt: Chancen nutzen – Risiken minimieren. Heidelberg. S. 71–77

Förster, A./Kreuz, P. (2010): Nur Tote bleiben liegen. Entfesseln Sie das lebendige Potenzial in Ihrem Unternehmen. Frankfurt/Main.

Frankel, L. P. (2014): Nice Girls Still Don't Get The Corner Office. New York.

Griese, Ch./Pataki, K. (2012): Vergleich mit anderen Beratungsansätzen. Studienbrief SB – 0220 des Master-Fernstudiengangs Systemische Beratung der TU Kaiserslautern. 1. Auflage. Unveröffentlichtes Manuskript. Kaiserslautern.

Hamel, G. (2013): Worauf es jetzt ankommt. Ulm.

Happich, G. (2013): Ärmel hoch! Die 20 wichtigsten Führungsthemen und wie Top-Führungskräfte sie anpacken. 4. Aufl. Zürich.

Haasen, N. (2001): Mentoring. Persönliche Karriereförderung als Erfolgskonzept. Wilhelm Heyne Verlag, München.

Henn, M. (2008): Die Kunst des Aufstiegs. Was Frauen in Führungspositionen kennzeichnet. Frankfurt.

Herrmann, D. et al. (2011): Führung auf Distanz – Mit virtuellen Teams zum Erfolg. 2. Aufl. Wiesbaden.

Kaiser, S. et al. (2012): Unternehmenskulturen verändern. Karrierebrüche vermeiden. Fraunhofer-Gesellschaft. Stuttgart.

Krämer-Stürzl, A. (2011): Aktuelle Entwicklungen in der Personalentwicklung. Studienbrief SB – 1 C20 des Master-Fernstudiengangs Systemische Beratung der TU Kaiserslautern. 4. aktualisierte und überarbeitete Auflage. Unveröffentlichtes Manuskript. Kaiserslautern.

Krizanits, J. (2012): Ablauf von Beratung. Studienbrief SB 0210 des Master-Fernstudiengangs Systemische Beratung der TU Kaiserslautern. 1. Auflage. Unveröffentlichtes Manuskript. Kaiserslautern.

Liebhart, U. (2013): Die Bedeutung der Beziehungsqualität im Mentoring. In: Gutman, J. (et al.) (2013): Personalentwicklung. Themen, Trends, Best Practice 2014. Freiburg.

Meyer, W. (2013): Evaluation und Qualitätssicherung. Studienbrief SB – 610 des Master-Fernstudiengangs Systemische Beratung der TU Kaiserslautern. 1. Auflage. Unveröffentlichtes Manuskript. Kaiserslautern.

McKinsey & Company (2013): Women Matter 2013. Gender Diversity In Topmanagement. Moving Corporate Culture, Moving Boundaries. Paris.

Parment, A. (2013): Die Generation Y. Mitarbeiter der Zukunft motivieren, integrieren, führen. 2. Aufl. Wiesbaden.

Rohde, M. et al. (2013): Männer. Frauen. Zukunft. Ein Genderhandbuch. München.

Sandberg, S. (2013): Lean In. Women, Work, And The Will To Lead. New York.

Schlippe A./Schweitzer J. (2012): Lehrbuch der systemischen Therapie und Beratung I. Das Grundlagenwissen. Göttingen.

Statistisches Bundesamt (2014): Auf dem Weg zur Gleichstellung? Bildung, Arbeit und Soziales – Unterschiede zwischen Frauen und Männern. Wiesbaden.

Willke, H. (2011): (Un)Möglichkeit der Intervention. Studienbrief SB – 0510 des Master-Fernstudiengangs Systemische Beratung der TU Kaiserslautern. 3. aktualisierte und überarbeitete Auflage. Unveröffentlichtes Manuskript. Kaiserslautern. S. V

Internetquellen

Bundesbeauftragte für Datenschutz und Informationsfreiheit: http://www.bfdi.bund.de/SharedDocs/Publikationen/Faltblaetter/Telearbeit.pdf?__blob=publicationFile , zuletzt zugegriffen am 15.03.2015

Bundesgesundheitsministerium: http://www.bmg.bund.de/themen/pflege/hilfen-fuer-angehoerige/reduzierung-der-arbeits-zeit-bzw-freistellung.html, zuletzt zugegriffen am 08.03.2015

Bundesinstitut für Bevölkerungsforschung: http://www.bib-demografie.de/DE/ZahlenundFakten/02/Abbildungen/a_02_06_pyr_d_2012_beschriftet.html?nn=3074114, zuletzt zugegriffen am 27.02.2015

Bundesministerium für Familien, Senioren, Frauen und Jugend: http://www.bmfsfj.de/BMFSFJ/gleichstellung,did=213364.html, zuletzt zugegriffen am 14.03.2015

Bundesministerium für Familien, Senioren, Frauen und Jugend: http://www.bmfsfj.de/BMFSFJ/gleichstellung,did=88120.html, zuletzt zugegriffen am 27.02.2015

Bundesministerium für Familien, Senioren, Frauen und Jugend: http://www.bmfsfj.de/RedaktionBMFSFJ/Abteilung4/Pdf-Anlagen/praesentation-gesetz-frauenquote,property=pdf,bereich=bmfsfj,sprache=de,rwb=true.pdf, zuletzt zugegriffen am 27.02.2015

Bundesministerium der Justiz und für Verbraucherschutz: http://www.gesetze-im-internet.de/tzbfg/__1.html, zuletzt zugegriffen am 15.03.2015

Haasen, Nele: http://www.nelehaasen.de/veroeffentlichungen.html, zuletzt zugegriffen am 14.03.2015

Institut der Deutschen Wirtschaft Köln:
http://www.kompetenzzentrum-bw.de/FFBetr/Infomaterial/Datenbank/SK 20141126 FlueterHoffmannIW.pdf, zuletzt zugegriffen am 27.02.2015

Wirtschaftszentrum Berlin für Sozialforschung:
http://bibliothek.wzb.eu/pdf/2013/p13-002.pdf, zuletzt zugegriffen am 13.03.2015

Wirtschaftszentrum Berlin für Sozialforschung:
http://bibliothek.wzb.eu/wzbrief-arbeit/WZBriefArbeit152013_hipp_stuth.pdf, zuletzt zugegriffen am 15.04.2015

Abbildungsverzeichnis

Abb. 1: Altersaufbau der Bevölkerung in Deutschland, 31.12.2012 nach demografischen Ereignissen..................15

Abb. 2: Nutzen/Chancen vs. Kosten/Herausforderung der Karriereförderung von Frauen..................18

Abb. 3: „Bildungsexpansion" der Frauen in 40 Jahren – die am besten ausgebildete Frauengeneration aller Zeiten!..................19

Abb. 4: Systemische Führung..................26

Abb. 5: Transformation von Deutungsmustern..................34

Abb. 6: Die gestaltende PE-Hand..................48

Abb. 7: Kosten-Nutzen-Tabelle zu Kontakthalten während der Elternzeit von MitarbeiterInnen..................59

Abb. 8: Die wichtigsten neuen Kommunikationsmedien und ihre Funktionen..................63

Abb. 9: Unterstützung der Zusammenarbeit durch jeweils geeignete Medien..................65

Abb. 10 : Allgemeiner Ablaufplan von Evaluation..................71

Cornelia Edding
Herausforderung Karriere
Strategien für Frauen auf dem Weg nach oben

200 Seiten, Kt, 2016
ISBN 978-3-8497-0118-5

Da offene Frauenfeindlichkeit selten ist, wird der Frauenmangel auf oberen Führungsetagen meist nicht mit den Besonderheiten der Unternehmen erklärt, sondern mit den Eigenheiten der Frauen. Die glauben das oft selbst und suchen die Gründe für Misserfolge bei sich.

Was diesen Karriere-Ratgeber für Frauen, die „nach oben" wollen, von anderen unterscheidet, ist der Blickwinkel: Im Mittelpunkt stehen Unternehmen und die darin wirkenden „unsichtbaren" Hindernisse, die Frauen auf dem Weg nach oben scheitern lassen können. Cornelia Edding beschreibt diese Hindernisse als Teil der jeweiligen Unternehmenskultur: Sie sind eingelassen in die Strukturen und Prozesse des Unternehmens, kaum greifbar und nicht leicht zu entdecken.

Das Buch hilft, die Hürden in Organisationen zu identifizieren, und zeigt Wege auf, wie sich diese angehen und überwinden lassen. Jedes Kapitel enthält theoretische Teile, Beschreibungen der Aufstiegshindernisse sowie Zusammenfassungen von Forschungsergebnissen zum jeweiligen Thema. Dazu gibt es anschauliche Fallbeispiele, Vorschläge zum praktischen Vorgehen sowie Checklisten, die helfen, die eigene Position zu überprüfen und die nächsten praktischen Schritte zu planen.

 Carl-Auer Verlag • www.carl-auer.de

Edelgard Struß

Müssen wir dich jetzt siezen?
Interaktion und Führung beim Aufstieg im Team

183 Seiten, Kt, 2007
ISBN 978-3-89670-904-2

Der Wechsel aus dem Team in die Vorgesetztenposition erscheint auf den ersten Blick als ein einfacher Vorgang, der in der Organisation entschieden, verkündet und vollzogen wird. In der unmittelbaren Interaktion zwischen den neuen Vorgesetzten und den ehemaligen Kollegen und Kolleginnen erweist sich der Wechsel jedoch als voraussetzungsreiches und eher störanfälliges Geschehen.

Das Buch ist ein mikrosoziologischer Beitrag zur Interaktionsforschung in Organisationen. Es nimmt den praktischen Vollzug des Wechsels unter die Lupe: In welcher Form vollzieht er sich? Worin besteht der besondere Beitrag der Vorgesetzten? Was genau macht den Wechsel zu einem nicht-einfachen Geschehen?

16 Personen aus unterschiedlichen Berufen wurden über ihre Erfahrungen mit dem Wechsel befragt. Das Datenmaterial wurde nach der Methode der Grounded Theory ausgewertet und zu einer „materialen Theorie" verdichtet.

Alle Befragten schildern ein Dilemma, das den Beteiligten besondere Interaktionsleistungen abverlangt. Unbestimmtes Verhalten erweist sich dabei als notwendig für das Gelingen des Übergangs in die neue Rolle. Das Buch schließt mit praktischen Tipps für die Beteiligten in ihren unterschiedlichen Rollen.

Carl-Auer Verlag • www.carl-auer.de